Claus Krämer
Jörg-Wolf Krämer

Allerley Narretey

Unterhaltungskunst im Mittelalter

Mit Ratgeber »Sey selbst dabei beim Allerley«
Mehr als 130 überwiegend farbige Abbildungen

REGIONALIA VERLAG

Pieter Breugel der Jüngere, Bauernhochzeit, 1607

Claus Krämer / Jörg-Wolf Krämer, Allerley Narretey.
Unterhaltungskunst im Mittelalter

Bilder auf Cover und Rückseite:
Cover: Großes Bild: Narrenskulptur am Rathaus in Nördlingen, Ausschnitt, wikimedia commons (Metzner);
kleines Bild oben: Tristan und Isolde, Ausschnitt, Archiv Regionalia Verlag (Friedrich Heinrich von der Hagen, Heldenbilder, Breslau 1823);
kleines Bild unten: Herr Walther von der Vogelweide, Codex Manesse, Archiv Autor
Rückseite: Johann Georg Dathan, Hoffnarr Clemens Perkeo, um 1725, Archiv Autor

Einbandgestaltung: agilmedien, Niederkassel
Layout und Satz: paquémedia, Ebergötzen, www.paque.de

Printed in Italy 2014

ISBN 978-3-95540-122-1

www.regionalia-verlag.de

Inhalt

Vorwort der Autoren

Es war bunt, laut, faszinierend und manchmal schräg: Auf den Marktplätzen und in den Straßen der Städte pulsierte das mittelalterliche Leben, wenn Musikanten, Gaukler, Jongleure, Geschichtenerzähler, Puppenspieler, Marktschreier, Quacksalber, Krämer und all die anderen, die ihren Unterhalt nicht mit einem geregelten Beruf in der üblichen Stände- und Zunftordnung verdienten, die Menschen mobilisierten. Spielmann und Co. waren damals die Unterhaltungsstars auf den Straßen und am Abend in den Wirtshäusern. Für sie schien in den Augen der Normalbürger alles möglich – ein freiheitliches Leben abseits der üblichen strengen Normen mit Musik, Spaß, Bewegung und dem Stehen außerhalb der moralischen Begrenzungen zum Inhalt des Lebens zu machen und nach Herzenslust Kirche und weltliche Obrigkeit zu verspotten, ohne dafür zur Rechenschaft gezogen zu werden. Selbstbewusst feierten die Gaukler groteske Feste, die natürlich die öffentliche Ordnung verunsichern mussten. Und das taten sie auch. Kirchenmänner verteufelten das umherziehende Volk als lasterhaft, gottlos, verderbend. Unterbinden konnten sie das lockere Treiben nicht. Jeder Spielmann und jede Spielfrau wusste, dass man niemals ein Kandidat für das Himmelreich war. Man pfiff im wahrsten Sinne des Wortes darauf. Wenn schon in die Hölle marschieren, dann bitte mit Sang und Klang. Das Gauklertum stellte den für jeden sichtbaren frohgemuten Gegenpol zum griesgrämigen Klerus dar. Und sorgte damit für ein Gleichgewicht im Leben der Mehrheit der Menschen, für die der Alltag in erster Linie mühsam war. Allerdings schaffte man es im Mittelalter, diesen fürs Graue anfälligen Alltag immer wieder bunt zu gestalten. Schauen wir etwas genauer auf das Jahrtausend zwischen den Jahren 500 und 1500, erkennen wir, dass die Zeiten keinesfalls düster und trostlos waren. Das Mittelalter war prall, farben- und lebensfroh. Trotz oder gerade wegen der strengen Obrigkeiten: Die Menschen fanden immer eine Möglichkeit, aus dem Strikten auszubrechen. Und das ist wohl mit ein Grund, warum jene lange Epoche uns auch in unserer hochtechnologisierten Zeit noch fasziniert.

Als Autoren verbindet uns die Herkunft mit dem Thema. Väter-

William Adolphe Bouguereau, Die Jugend des Bacchus, 1884

rechts: Felix Ehrlich, Der Musikant, 1895

licherseits waren unsere Vorfahren, der Nachname lässt es schon vermuten, noch bis zur Mitte des 19. Jahrhunderts nachweislich reisende Krämer, die ihre Waren auf den Märkten anboten, so wie es schon ihre Urahnen getan hatten. Mütterlicherseits kommt insofern eine Prise Romantisierbarkeit mit ins Spiel, als dass die Familie noch bis ins 20. Jahrhundert hinein als Spielleute reiste. Da war der Urgroßvater, der nicht nur auf dem Markt- und Dorfplatz mit seinen Leuten aufspielte, sondern auch danach Kessel flickte und Scheren schliff. Oder sein Bruder, der die Fiedel beherrschte, vor dem Ersten Weltkrieg bei einem Zirkus als Hypnotiseur anheuerte und danach ins Clownfach wechselte. Beide unterhielten sich in der eigenen »Geheimsprache« der Gaukler, die man auch Rotwelsch nennt. Dadurch, dass wir dieses Erbgut kennen, das vermutlich 2000 Jahre Zeit hatte, DNA-technisch sämtliche Gaukler-, Musikanten- und Spaßmacherqualitäten zu speichern und weiterzugeben, verstehen wir unser eigenes Denken und Handeln und auch das unserer Kinder besser, denn sie leben diese Prägungen auf ihre heutige Weise aus. Und wir haben ganz viele Leute getroffen, die ähnlich veranlagt sind. Deshalb widmen wir dieses Buch all den fahrenden Spielleuten, deren Spuren sich im Sand der Geschichte verloren haben, deren Erbe aber unsterblich ist, ebenso wie den heutigen Gauklern und Narren, auch wenn sie nicht die oft beschwerliche Reise über Land antreten müssen, sondern ihr Naturell auf Jetztweise ausleben: als professionelle Musiker, Artisten oder Kabarettisten ebenso wie als begeisterte Freizeitkarnevalisten. Hauptsache das Publikum hat seine Freude und man selbst seinen Spaß.

Ein paar Worte noch zum Inhaltlichen: Das Mittelalter endete aus heutiger Sicht mit dem Beginn des 16. Jahrhunderts. Nicht allerdings die von ihm geprägte Unterhaltungskultur. Viele Bilder, die Sie in diesem Buch anschauen können, sind in späteren Epochen gemalt worden. Dennoch sind sie wertvolle Illustrationen. Maler sind Künstlerseelen und haben einen anderen Zugang zur Zeit. Deshalb schauen auch wir wie sie vor und zurück. Es ist nicht immer so, dass die Künstler das abbildeten, was sie gerade sahen beziehungsweise wie sie es gerade vor sich sahen. Im Zeitalter der Renaissance und auch später blickte man gerne zurück auf das Mittelalter und die Antike. Erstaunlicherweise ist das gemalte Ergebnis sehr oft ziemlich realitätsnah, soweit wir das beurteilen können. Vielleicht existiert ja tatsächlich so etwas wie ein kollektives Bildergedächtnis, aus dem die Maler schöpfen.

Thematisch handelt das Buch nicht allein von den Entertainern, die ständig auf Achse waren. Zur Szene zählen wir natürlich auch die sesshaften und jene, die das Privileg besaßen, im Festgehalt zu stehen. Und dann gab es natürlich noch solche, die sich selbst gar nicht der Unterhaltungsbranche zugehörig fühlten, vom Publikum allerdings so empfunden wurden. Schauen wir also mal genauer hin.

Gillis Mostaert, Kirchweih, vor 1598

Die Narretey

Bunt, frei und ohne Ehre

Viele künstlerische Darstellungen aus dem Mittelalter und der Renaissance zeigen uns Szenen, in denen Musikanten und Gaukler zu sehen sind. Für die Maler der damaligen Zeit waren die Unterhalter vergangener Zeiten stets dankbare Objekte, denn sie kamen, was ihr Erscheinungsbild betraf, bunt und exotisch daher. Zudem bedeutete der Besuch einer Gaukler- oder Musikantentruppe eine willkommene Abwechslung im zumeist mühseligen und tristen Alltag, die man gerne im Bild festhielt. Für uns heutige Betrachter sind diese Gemälde, Zeichnungen oder Kupferstiche wertvolle Zeugen längst vergangener Epochen, die unterschiedliche Empfindungen hervorrufen können. Wir ahnen durchaus, dass das Leben der Fahrenden sicherlich abwechslungsreicher und abenteuerlicher gewesen sein muss als das ihrer sesshaften Zeitgenossen. Frei von den Alltagszwängen täglicher Mühsal auf Feld oder Hof, in der Werkstatt oder am heimischen Herd müssen die reisenden Spielleute ein Leben geführt haben, das so manch einem, der ihre Musik, ihre Kunststücke oder anderen öffentlichkeitswirksamen Aktivitäten erlebte, als erstrebenswert galt. Auf den ersten Blick war dieses Leben sicherlich ein freies. Denn man kam herum, sah etwas von der Welt, lernte viele Menschen kennen, und wenn es irgendwo Probleme gab, konnte man sich relativ schnell aus dem Staub machen. Zudem musste man niemandem Tribut zahlen, war man nicht zur Dienst- oder Wehrleistung verpflichtet und weniger als die Sesshaften der Willkür örtlicher Landesherren ausgesetzt. Und wenn man in seiner Kunst gut war, gab es Applaus und Bewunderung vom Publikum. Allerdings hatte dieses leicht romantisierbare freie Leben auch gewaltige Kehrseiten. Die Fahrenden hatten selten ein festes Dach über dem Kopf, waren Wind und Wetter ebenso schutzlos ausgesetzt wie wilden Tieren oder Naturkatastrophen. Schon hinter der nächsten Wegbiegung konnte Ungeahntes lauern. Ein regionaler Krieg etwa, oder eine Pestepidemie, eine Räuberbande, ein Inquisitor, der nur darauf wartete, sich durch Projektion auf wehrlose Sündenböcke eine Reputation zu verschaffen.

Außenseiter und soziale Randgruppen

Die Geschichte der mittelalterlichen Unterhaltungskunst ist aber auch eine Geschichte der sozialen Randgruppen, der Außenseiter und der heimlich wie auch offen Verachteten. Denn anders als in der heutigen Zeit, in der die Vertreter der darstellenden Künste oft auch professionelle Selbstdarsteller sind, die als Prominente gerne in A-, B- und C-Kategorien einsortiert werden und von den zuschauenden und -hörenden Massen wenn schon nicht immer mit Bewunderung, so doch zumindest mit Aufmerksamkeit bedacht werden, waren die Unterhaltungskünstler der damaligen Zeit Menschen, denen man eher mit Misstrauen begegnete. Dies gilt nicht nur für die umherziehenden Künstler oder die ebenfalls mobilen Quacksalber, Heilkünstler, Hütchenspieler und Angehörige anderer Berufe, deren Tätigkeit stets von öffentlichem Interesse war, sondern auch für die ethnischen Minderheiten wie die Zigeuner. Um dieses Misstrauen verstehen zu können, ist es sinnvoll, sich zunächst einmal ein Bild vom Alltag im Mittelalter zu machen. Die wohl bekanntesten Gemälde, die uns heute vom Leben der Gaukler künden, stammen von Hieronymus Bosch und Pieter Brueghel. Und Bilder, zumindest in unseren Köpfen, haben uns auch die Märchen der Brüder Grimm sowie die volkstümlichen Sagen und Legenden hinterlassen. Waren nicht die Bremer Stadtmusikanten ebenso Gaukler, wie der Rattenfänger von Hameln einer war?

Als Mittelalter bezeichnet man den Zeitraum zwischen dem Ende der Antike und dem Beginn der Renaissance. Grob gesagt ist dies eine Spanne etwa zwischen dem ausgehenden fünften und dem Beginn des 16. Jahrhunderts. Allgemein wird uns dieses Mittelalter als eine finstere Zeit vermittelt, mit schlechten Umgangsformen und einer unterentwickelten Kultur. Dass die-

Wilhelm August Stryowski, Flößer an der Weichsel, 1881

Jan Steen, Nächtliche Serenade, ca. 1675

Silos Apocalypse, Musiker mit Fiedel, 1109

ses Bild nur eine Verzerrung ist, wird uns deutlich, wenn wir uns etwas näher mit diesem sehr vielfältigen und bunten Zeitalter befassen. Die Einteilung der Gesellschaft in drei Klassen – Geistlichkeit, Rittertum und Bauern/Handwerker –, wie sie uns in vielen Bildern vermittelt wird, ist nicht der Realität entsprechend. Die Gruppe der am Rande Stehenden war groß. Man dachte damals sehr stark in Schablonen und hatte klare Vorstellungen von ehrbaren und unehrlichen Berufen. Vielfach mussten sich die Vertreter dieser Berufe durch entsprechende Kleidervorschriften kenntlich machen. Einerseits war es so, dass man die Gaukler und Spielleute verachtete, andererseits faszinierten ihre Kunststücke die Zuschauer und zogen die Massen an. Was fremd und exotisch war, was sich vom Alltag abhob, das übte Faszination aus, brachte Abwechslung.

Unser Wissen über das Mittelalter wird aus vielen Quellen genährt. Hollywood spielt dabei eine nicht unwesentliche Rolle. Wenn wir uns jedoch diese Welt ein wenig näher anschauen, lässt sich feststellen, dass wir einigen Irrtümern erlegen sind. Allgemein glaubt man, dass damals nur Könige und Adelskreise in Saus und Braus lebten, während das gemeine Volk am Existenzminimum krebste. Zwar stimmt es, dass die Stände streng voneinander geschieden waren, dies sagt jedoch nichts über die Lebensverhältnisse der Einzelnen aus. Es gab durchaus wohl-

Hans Sebald Beham, Das große Kirchweihfest, 1539

habende Bauernfamilien, die mehr besaßen als das Rittergeschlecht auf der benachbarten Burg. Und in der nächsten Stadt lebten Kaufleute, die in ihren komfortablen Häusern über die Wohnverhältnisse der Herren auf den zugigen Burgen nur lachen konnten. Die Zeit zwischen dem zehnten und dem Ende des 13. Jahrhunderts war in Mitteleuropa eine meteorologisch warme Zeit, was gute landwirtschaftliche Ernten zur Folge hatte und den Bauern wie auch den Kaufleuten gute Gewinne bescherte. In jener Zeit, die wir heute als die Blüte des Mittelalters bezeichnen, verdoppelte sich die Bevölkerungszahl in Europa von 38 auf 74 Millionen nahezu. Mehr Menschen bedeutete mehr Esser und die Bauern hatten alle Hände voll zu tun. Land musste urbar gemacht werden, Dörfer und Städte wuchsen, der Handel blühte. Die Großgrundbesitzer verpachteten ihr Land an die Bauern, anstatt auf Frondienste zu setzen, was die Landmänner unabhängiger machte. Es wurden bahnbrechende Erfindungen gemacht, die die Agrarwelt revolutionierten. Und bei allem nötigen Fleiß verstanden es die Menschen ausgiebig zu feiern. Im 13. Jahrhundert hatte das Kalenderjahr 85 päpstlich festgelegte Feiertage, an denen die Arbeit ruhen durfte. Die Feierwut der Landbevölkerung wurde zur Zielscheibe für die kirchlichen Prediger, die Völlerei und Trunksucht von der Kanzel her anprangerten. Der gewachsene Wohlstand führte dazu, dass sich Kaufleute und wohlhabende Bauern farbenfroh und modebewusst kleideten, was wiederum Argwohn beim Adel hervorrief. Dass man im Mittelalter eine Vom-Tellerwäscher-zum-Millionär-Karriere machen konnte, zeigt uns die Geschichte des Landwebers Hans Fugger aus dem kleinen Dorf Graben. Er zog 1367 nach Augsburg, wo er den Grundstock legte für eine Familiendynastie, deren Name heute noch bekannt sein dürfte. Sein Enkel finanzierte die Kaiserwahl Karls V. und wurde zum Reichsgrafen ernannt. Und es gibt nicht wenige vergleichbare Biografien aus jener Zeit. Auch was die Rolle der Frau betraf, haben wir oft eine falsche Vorstellung. Im Mittelalter waren viele Frauen nicht die rechtlosen Anhängsel ihrer Männer, wie man vielleicht glauben mag. Viele waren in ihren Berufen qualifiziert; nicht wenige führten als Meisterinnen erfolgreiche Werkstätten und bildeten weibliche Lehrlinge aus. In manchen Städten bestanden die einflussreichen Zunftvorstände zur Hälfte aus Frauen. Hinter den dicken Burgmauern übernahmen meistens die Rittersgattinnen die Leitung, wenn der Ritter, was oft vorkam, von Berufs wegen außer Haus war. Und oft verstanden sie mehr von der Führung eines Adelsbesitzes als ihre am Kampf orientierten Männer. Zwar galt überall das Patriarchat nach altem germanischem Vorbild, doch gab es immer wieder Möglichkeiten für Mädchen und Frauen, ihre Position zu verbessern. Obwohl sie es nicht leicht hatten – die meisten Ehen waren arrangiert und die Frau galt generell als schwach und ständig in Gefahr, von der Sünde bedroht zu werden, weshalb man es als wichtige Rolle des Mannes ansah, sie wieder auf den Pfad der Tugend zurückzuführen –, leisteten die Frauen des Mittelalters ganz Enormes. Und es kam ja noch hinzu, dass aufgrund relativ hoher Kindersterblichkeit regelmäßig Schwangerschaften eintraten. Es ist erstaunlich, wie viele Frauen in den

Tanzende Jongleuresse, Troparium et Prosarium, um 1100

Giovanni Battista Tiepolo, Mädchen mit Mandoline, 1758–1760

Städten als Kleinhändlerinnen und Krämerinnen, als Weberinnen, Spinnerinnen und in anderen Handwerkszweigen erfolgreich waren, trotz familiärer Mehrfachbelastung.

Den jungen Frauen, die eine Alternative zur Rolle der Ehefrau und Vielfachmutter suchten, boten sich Möglichkeiten der Selbstverwirklichung hinter den Mauern der Klöster. Wenn man bereit war, sich den strengen Regeln eines Ordens zu unterwerfen, konnte man sich abgeschirmt von der Außenwelt dem Lesen und Schreiben und der Kunst widmen. Und auch zu den Klöstern gab es Alternativen. Die Beginen lebten in locker organisierten Frauengemeinschaften und waren wirtschaftlich unabhängig. Die Mitglieder hatten kein Gelübde abgelegt und konnten die Gemeinschaft jederzeit wieder verlassen. Das Versprechen der Keuschheit und des Gehorsams galt nur für die Zeit, in der sie der Gruppe angehörten. Alleine in Köln existierten Mitte des 14. Jahrhunderts rund 170 Beginenhäuser. Die Zünfte sahen die erfolgreichen, rein weiblichen Organisationen als Konkurrenz an und die Kirche beobachtete das religiöse Streben der Damen, das immer mehr ihrer Kontrolle entglitten war, mit großem Misstrauen. Es gelang dann auch, die Beginen in die Knie zu zwingen, die Orden lösten sich auf. Mit dem Ende des Mittelalters änderte sich die gesellschaftliche Rolle der Frau radikal. Sie wurden von den meisten Handwerksberufen ausgeschlossen, akademische Ausbildungen blieben ihnen verwehrt. 300 Jahre davor hatte sich ein ausgeprägtes Modebewusstsein entwickelt. Die Menschen kleideten sich bunter als in den Jahrhunderten zuvor. Wer zu Geld kam, zeigte dies gerne nach außen. Die reichen Kaufleute konkurrierten mit dem Adel. Kreative Frauen gründeten selbstständige Modeateliers, in denen gewebt, genäht und gestickt wurde. Zur gleichen Zeit setzte sich auch unter den Spielleuten eine neue Kleidermode durch, in der man innerhalb eines Kleidungsstückes verschiedene Farben willkürlich kombinierte. Die meistverwendeten waren dabei Grün, es stand für das naturnahe Leben der Fahrenden, und Rot als Ausdruck von Lebensfreude, Bewegung und Aktivität. Kleine Schellen und Glöckchen gehörten ebenfalls zum Outfit. Mit ihnen konnte man die Musik rhythmisch verstärken. Während zu jener Zeit Schminke in der normalen Bevölkerung noch nicht üblich war, bemalten sich die Gaukler die Gesichter oft grell. Manche schoren sich eine Glatze oder rasierten sich Teile der Kopfbehaarung ab. Die meisten Männer und Frauen trugen ihr Haar allerdings so lang wie möglich, es sei denn, es behinderte sie bei bestimmten artistischen Kunststücken.

Gauklerinnen und Spielfrauen

Pieter Aertsen, Der Eiertanz, 1552

Die meisten Frauen, die ihren Lebensunterhalt mit Musik, Tanz oder Gauklerei verdienten, taten dies als fahrende Spielfrauen. Es war verständlicherweise nicht schwer für die Obrigkeiten, den Gauklerinnen auch gleichzeitig die Prostitution als Nebenerwerb zu unterstellen. Zu dem ohnehin schon ehrlosen Hauptberuf kam der Umstand, eine Frau und damit aus religiöser Sicht schon von Natur aus sündhaft zu sein. Gesellschaftlich standen die Spielfrauen noch mehr im Abseits als ihre männlichen Kollegen. Und nicht nur die Gauklerinnen galten als käuflich, sondern generell alle weiblichen Familienangehörigen der Spielleute. Interessant in diesem Zusammenhang ist, dass die Kirche es Ehefrauen von Spielmännern gestattete, sich von ihren Männern zu trennen, wenn sie das fahrende Gauklerleben aufgeben und sesshaft werden wollten. Viele Menschen glaubten, dass Spielfrauen magische Kräfte besaßen. Die meisten kleideten sich verführerisch und aufreizend, ihre Tänze waren gezielt betörend und bestanden oft aus Bewegungen, die als unzüchtig galten. Das Haar wurde offen getragen und ein wichtiges optisches Element war die bunte Bemalung des Gesichts. Gauklerinnen besaßen oft edle Kleidungsstücke, die man sonst nur beim Adel sah. War man bei Hofe aufgetreten, so war es üblich, dass die Burgherrin ihre Schränke öffnete und die Spielfrauen beschenkte. Die ursprüngliche Adelskleidung wurde dann den eigenen Ansprüchen entsprechend bearbeitet, umgenäht, gekürzt, auffällig dekolletiert.

Meister des Hausbuchs, Luna und ihre Kinder, 15. Jahrhundert

Die Zeit der vollen Straßen

Es war schon einiges los auf den Straßen in Mitteleuropa. Da reisten fahrende Krämer mit ihren vielfältigen Waren zu ihren Märkten, Geistliche befanden sich auf Pilgerreise, Handwerksburschen suchten neue Betätigungsfelder, Angehörige mobiler Berufe, wie Kesselflicker oder Messerschleifer, fuhren zu ihrer

Kundschaft. Sie kreuzten ihre Wege mit Söldnern, die dem Ruf der Kriegstrommeln folgten, mit Kurieren, mit Landesherren, die in den Winkeln ihrer Territorien nach dem Rechten sahen. Unterwegs waren auch die Maler, Bildhauer und Steinmetze mit dem Drang, sich mit Pinsel oder Meißel in der nächsten Stadt zu verewigen. Quacksalber, Abenteurer, ruhmsüchtige Ritter, heimatlose Huren, entwichene Nonnen und Mönche, alternativlose Bettler – sie alle bewegten sich von Ort zu Ort, suchend, rastlos. Für die Menschen, die in festen Orten wohnten, stellten die Reisenden eine oft willkommene Abwechslung zum Alltag dar, denn es passierte etwas, man konnte schauen, hören und seinen Leuten später davon berichten. Die große Zahl der Gaukler und Spielleute waren die Stars: Sang und Klang, buntes Zeug, fliegende Bälle, schöne Frauen, tollkühne Männer, exotische Tiere und allerlei Gauklerei, Zauberei und Narretei. Das Völkchen der Stars war eines vor allem: bunt! Die Wurzeln ihres Gewerbes gruben sich tief in die Vergangenheit, bis in die Antike, ins Römische, Germanische und Keltische. Und, natürlich, genau wie heute auch, gab es unter ihnen gewaltige Könner wie auch sich selbst überschätzende künstlerische Windbeutel. Wir können heute rückblickend das Berufsbild der mittelalterlichen Unterhalter gar nicht umfassend einschätzen und benutzen deshalb in diesem Buch die Begriffe »Gaukler« und »Spielleute« mehr oder weniger im Wechsel, um damit auch all die anderen mit einzubeziehen, die davon lebten, dass man ihnen zuschaute und zuhörte. Man kann sich vorstellen, dass die Menschen in den Ortschaften in Scharen zu den Plätzen und Straßen strömten, wenn Spielleute ihre Instrumente und Utensilien auspackten. So ziemlich jeder, die Kirchenleute vielleicht ausgeschlossen, dürfte sich über die Abwechslung gefreut haben, die ihm mit Akrobatik, Gesang und Tanz, Zauberei oder Schauspiel geboten wurde. Besonders interessant wurde es, wenn die Darbietung interaktiv wurde und die Gaukler das Publikum in das Geschehen mit einbezogen. Im Gegensatz zur heutigen Zeit, wo das Publikum meist schweigend einer künstlerischen Bühnendarbietung beiwohnt und sich lediglich durch Beifallklatschen bemerkbar macht, waren Gauklerauftritte immer etwas, bei dem es laut und schrill zuging. Die Darsteller wussten, je mehr sich die Menge amüsierte, desto mehr Münzen landeten am Ende im Spielmannshut.

links: Jan Miense Molenaer, Musikinstrumentenhändler vor einem Bauernhaus, um 1668

Fritz von Wille, Heidelandschaft mit fahrendem Volk, um 1941

Und wer aus dem Publikum die Chance hatte, sie selbst darzustellen, eventuell gar ein Liedchen zum Besten zu geben, auf den Händen zu laufen oder einen Purzelbaum zu machen, war hinterher spendabler.

Fahrende Händler und Krämer

Eine Form der Unterhaltung mit praktischem Nutzen, die vor allem beim weiblichen Teil der Bevölkerung beliebt war, waren die Besuche von fahrenden Händlern. Sie deckten die Bereiche ab, die von den örtlichen Produzenten – Schmied, Schreiner, Schneider – nicht ausgefüllt wurden. Vieles, was man im täglichen Haushalt benötigte – vom Nähgarn bis zum Gürtel oder Kamm –, hatte der Krämer im Sortiment. Und natürlich blieb immer etwas Zeit, mit den Kundinnen den aktuellen Dorftratsch auszutauschen. Die Welt der mittelalterlichen Sesshaften endete meist schon hinter der nächsten Ortschaft. Die Händler wie auch die Spielleute waren die einzigen Informanten, was Nachrichten aus dem Rest der Welt betraf. Was tat sich politisch? Welche Mode trug man bei Hofe und in den Städten? Wo waren zurzeit Kriege, Hungersnöte, Epidemien?

Carl Spitzweg, Reisende Komödianten, ca. 1838

lebt hatte. Dass man sich damit nicht überall Freunde machte, ist verständlich, denn wie es damals üblich war, sparten die Gaukler nicht mit schonungsloser Häme und beißendem Spott, wenn sie Obrig- und Geistlichkeit oder die reichen Bürger ins Visier nahmen. Und das sprach sich durchaus herum.

Wenn es den Menschen auf dem Land im Alltag an einer Sache besonders mangelte, dann war es die musikalische Unterhaltung. Klar, ein Bettler mit einem entstellten oder verstümmelten Körper zog die Aufmerksamkeit auf sich. Allerdings war die Mehrheit der Bevölkerung an den Aufführungen von Spielleuten interessiert. Wenn man nicht in einer Familie lebte, die Instrumente besaß und Hausmusik machte, blieben eigentlich nur zwei Bereiche, in denen man Musik erleben konnte: der kirchliche Gottesdienst und die Auftritte von Spielleuten. In der Kirche wurde nicht getanzt, geschweige denn gelacht.

Die Gauklertruppen waren nicht schnell unterwegs, verglichen mit den Entfernungen, die man heute an einem Tag bewältigt. Wie sollten sie auch; die Zugtiere für die Wohn- und Gerätewagen waren Pferde, Esel oder Maultiere, die sich auf Landstraßen bewegten, die man heute höchstens als Wald- oder Feldweg bezeichnen würde. Je größer die Gruppe, desto geringer war die Möglichkeit, überfallen und ausgeraubt zu werden. Allerdings waren große Gruppen langsamer, da immer einige Mitglieder zu Fuß gehen mussten. Große Gruppen schafften deshalb um die 25 Kilometer am Tag. Kleine Gruppen, in denen alle komfortabler im gezogenen Wagen reisten, legten auch schon mal 60 Kilometer zurück.

Frühe Journalisten

So erfüllten die Krämer gleich verschiedene Aufgaben – sie waren einerseits Händler, gleichsam aber auch eine Art frühe Reporter und Journalisten, die Nachrichten sammelten, verarbeiteten und weitergaben. Damit hatten sie eine wichtige gesellschaftliche Funktion, die weit über den bloßen Handel hinausging.

Unsere Spielleute hatten ebenfalls Zugang zu Informationen, die sesshafte Menschen nicht haben konnten. Sie gingen allerdings meistens anders damit um als die fahrenden Händler, deren Medium das gesprochene Wort war. Die Gaukler verpackten die Geschehnisse der weiten Welt in Lieder, Theaterstücke, Gedichte oder pantomimische Darstellungen. Wobei sie immer darauf achten mussten, wo sie was aufführten. Auf einem Wochenmarkt war ein anderes Publikum als an einem Adelshof, wo man andere Ansprüche und Erwartungen hatte.

Das Gesehene und Erlebte war für die Gaukler die Basis ihrer Darbietungen. In ihren Liedtexten oder den Handlungsleitfäden der improvisierten kurzen Theaterstücke tauchte das wieder auf, was man anderswo gesehen, gehört oder selbst er-

Die Reise zum Seelenheil

Auf den Straßen waren nicht nur die Gaukler unterwegs. Da traf man auf Wallfahrer und Pilger, die heilige Stätten aufsuchten.

Wallfahrten waren für normale Stadt- und Dorfmenschen eine unterhaltsame Möglichkeit, dem Alltag zu entfliehen. In Zeiten, in denen die Urlaubsreise für den Normalbürger noch nicht erfunden war, galt die Wallfahrt als der Reisetipp schlechthin. Man machte einen Ausflug zum nächstmöglichen wundertätigen Marienbildnis und durfte sich, während man für sein Seelenheil betete, schon mal auf Speis und Trank im Gasthof des Wallfahrtsortes freuen. Manchmal konnte man die Wallfahrt mit einem Marktbesuch, bei dem in vielen Fällen auch Spielleute zu bewundern waren, verbinden. In den großen Pilgerorten, wie etwa Köln oder Aachen, waren auch Gnadenablässe möglich. Den Pilgern wurden gegen Bares ihre Sünden vergeben. Die Pilgerorte mit ihrer entsprechenden Infrastruktur waren durch besser ausgebaute Straßen miteinander verbunden und logischerweise interessante Zielpunkte für unsere Gaukler. Religiöse, gastronomische und unterhaltsame Aspekte waren die drei Eckpunkte einer Pilgerreise. Für die Unterhaltung waren zu einem Teil die Spielleute zuständig. Auf den Plätzen, wo sich die Pilger drängten, waren auch Seiltänzer, Puppenspieler, Bärenführer und natürlich Musikanten nicht weit.

Wallfahrten hatten demnach nicht nur einen religiösen Zweck. Man kam »mal raus«, traf interessante andere Menschen, tat etwas für sein körperliches Wohlbefinden und ließ für einige Zeit die alltägliche Arbeit hinter sich. Und wenn man damit noch dem lieben Gott gefällig war, umso besser.

Bei jedem Kirchenneubau, und das Mittelalter war die Zeit der Kirchenneubauten, wurde von den Verantwortlichen Wert darauf gelegt, dass man in den Besitz einer Reliquie gelangte. Das lateinische Ursprungswort bedeutet Überbleibsel. Überall waren Händler unterwegs, die Derartiges anzubieten hatten. Das Repertoire reichte vom Fußnagel eines örtlichen Märtyrers über Stroh aus der biblischen Krippe bis zur Vorhaut des Jesuskindes. Die Nachfrage war groß. Wichtig war, dass man eine beeindruckende Legende bilden konnte. Natürlich gab es echte Reliquien, aber die Masse der Objekte waren Fälschungen und bedienten die Nachfrage. Die Gläubigen glaubten allerdings gerne, denn sie erhofften sich, im Kontakt mit der Reliquie von deren vermeintlicher Kraft profitieren zu können. Die Reliquienhändler wurden als Stationierer bezeichnet. Es gab aber auch reiche Bürger, die auf eigene Faust weite Reisen unternahmen, um Reliquien zu kaufen. Beliebt war Südfrankreich, wo man das vermeintliche Grab der Maria Magdalena und ihre Gebeine partikelweise für viel Geld verkaufte. Gut verdienten auch die Hersteller von weinenden Madonnen. Bei einer glasierten, hohlen Tonfigur ließ man die Augen ohne Lasur. Füllte man sie bis oben mit Wasser, begann nach einiger Zeit das Wasser durch den porösen Ton der Augen zu diffundieren. Große Wallfahrtsorte, wie beispielsweise Aachen, wo in regelmäßigen

Martin Schongauer, Leben auf der Landstraße im 15. Jahrhundert

Abständen die vermeintlichen Windeln und das Lendentuch von Jesus, ein Kleid seiner Mutter und das Enthauptungstuch von Johannes dem Täufer öffentlich gezeigt wurden, erlebten zu bestimmten Zeiten einen Massenandrang mit weit über hunderttausend Pilgern. In den kleineren Orten, in denen die Reliquien ständig in der Kirche zu sehen waren, verteilte sich der Andrang auf das gesamte Jahr. Schnell entwickelte sich eine Infrastruktur mit Herbergen, Gasthöfen und Schenken und den verschiedensten Unterhaltungs- und Entspannungsmöglichkeiten – vom Bade- bis zum Frauenhaus. Dass sich Spielleute gerne und oft in den Wallfahrts- und Pilgerorten aufhielten, ist nachvollziehbar.

Die den meisten mittelalterlichen Menschen als Abwechslung sehr willkommenen Wallfahrtsbräuche standen in enger Verbindung mit der großen Zahl von Reliquienhändlern, die durch die Lande reisten und sich an Privatpersonen wandten. Ein Reliquienhändler war nicht einfach nur ein Kaufmann. Wollte er potenzielle Kundschaft von seiner Ware überzeugen, ging dies nicht ohne Entertainerqualitäten, denn je abenteuerlicher und fantastischer die Geschichte war, die er zu erzählen hatte, desto williger kauften ihm gutgläubige Zuhörer seine Fälschungen ab. Zumindest wenn es sich dabei um einfache Bauern handelte, die gerne einen verehrungswürdigen Gegenstand in ihrem Haus hatten. Im frühen Mittelalter wurden viele neue Dörfer gegründet und damit auch Kirchengemeinden. Die Beziehung zum Ortsheiligen, dem die Dorfkirche gewidmet war, wurde stärker empfunden, wenn man etwas Persönliches vom Heiligen innerhalb ihrer Mauern aufbewahrte und zu gegebenen Anlässen öffentlich zeigen konnte, was meistens mit einer Feier und oft auch mit einer festlichen Prozession verbunden war. Bedarf war also so gut wie überall vorhanden. Die Echtheit der Reliquien konnte niemand nachprüfen. Und auch die Zertifikate, die die Händler ihrer Ware meist beifügten, waren vorher leicht zu fälschen. Auch heute noch wird so manche Skurrilität verehrt, die auf dem Weg des Reliquienhandels in oft wertvolle Behältnisse gelangte. Je höher der Heilige in der kirchlichen Rangordnung, umso besser. So kam es, dass alleine 13 Vorhäute des Jesuskindes aufbewahrt und gezeigt wurden. Eine davon steckte am Finger der Katharina von Siena, der ihr nach ihrem Tod abgeschnitten worden sei, heißt es. Bis 1983 wurde diese Reliquie feierlich gezeigt, dann ging sie verloren. Die Vorhäute waren oft Wallfahrtsziele von Frauen mit bisher unerfülltem Kinderwunsch. Splitter vom Kreuzigungskreuz stecken in so vielen Monstranzen, dass vermutlich zur Zeit des Handels mit ihnen umgerechnet mehrere Wälder abgeholzt wurden. Die Verehrung des Kreuzes nahm ihren Anfang, als die Mutter des frisch bekehrten römischen Kaisers Konstantin in Jerusalem Grabungen veranlasste, wo man den Kreuzigungsort Jesu vermutete, und dort drei Kreuze gefunden haben soll. Heute bewahrt man in Prüm in der Eifel die Sandalen des Gekreuzigten auf, in Trier den sogenannten Heiligen Rock, in Aachen eine Windel und den Lendenschurz. In Mönchengladbach soll sich ein Tischtuchstück vom letzten Abendmahl befinden. Der Vatikan besitzt verständlicherweise die größte Sammlung an

Lucas Cranach der Ältere, Reliquie mit Stücken vom Tischtuch des letzten Abendmahls, 1509

dis heiligthums

Zum viij. Ein Silbern vberguldt Creucz mit einer schönen Runden Berillen.
Von dem hymelbroth den kinden vō Israhel gereint in der wustē. j.p.
Vom Tisch vff welchem Christus mit seinē Jungern das abentessen gehalden v.ptic. Vom Tischtuch vff welchē Christus mit sein Jungern gessen hath.v.p. Vom Broth vom welchem Christus mit seinē Jungern ym abent essen gessen hat. j.ptic. Sūma xij.ptickel.

Giulio Clovio, Das Turiner Grabtuch, 16. Jahrhundert

Reliquien von Jesus und seinem Umfeld. Angefangen von Brotkrümeln und Fischgräten, die bei der Hochzeit von Kanaan zurückblieben, bis zum Schweißtuch der heiligen Veronika. In Paris soll sich angeblich die Dornenkrone befinden, in Wien die Lanze, mit der Jesus am Kreuz traktiert wurde. Die Liste andernorts ist bunt: ein Breinapf vom Jesuskind, Milch aus Marias Brust, Stroh aus der Krippe und vieles mehr. Stand eine Person im Verdacht, eines Tages heiliggesprochen zu werden, kam es vor, dass sie nach ihrem Tod in Einzelteile zerlegt wurde. Elisabeth von Thüringen etwa schnitten Reliquienjäger nicht nur Haare und Nägel, sondern auch die Brustwarzen ab.

Immer haben Menschen geglaubt, dass der Kontakt mit Reliquien ihnen Glück, Schutz oder Gesundheit bringen würde. Die Kirchengründer wussten, dass man mit verehrbaren Gegenständen die Gläubigen in die Gotteshäuser locken konnte. Und wenn dann noch eine abenteuerliche Geschichte mit der Reliquie verbunden war, voller Wunder und Merkwürdigkeiten, umso besser, dann hatte man der Gemeinde immer was zu erzählen. Es bot sich Stoff, um den man eine Predigt flechten und mit dem man den Ort eventuell auch für auswärtige Besucher interessant machen konnte. Und das eröffnete dann wieder Gelegenheiten zum Feiern und Geldverdienen.

Deshalb gab es kaum etwas, das die Reliquienhändler nicht in ihren Bauchläden führten: Knochen- und Hautreste, Zähne, Blutstropfen, Kleidung et cetera. Natürlich war es auch einigen Kirchenleuten klar, dass nicht jede Reliquie das war, was sie vorgegebenermaßen sein sollte. Deshalb wurde die sogenannte Berührungs-Reliquie erfunden, die zwar kein Originalteil, wohl aber mit dem Original in einem direkten Berührungskontakt gewesen war. So konnten sich dann zahlreiche Objekte nahezu unbegrenzt vermehren.

Immer unterwegs

Die einstmals gepflasterten Heerstraßen der Römer waren nur noch in Resten erhalten, Wege und Pfade waren unbefestigt und den Witterungen ausgesetzt. Größere und viel benutzte Straßen waren mit Schotter belegt. Ansonsten gehörten Schlaglöcher, Pfützen und Schlamm zum Normalen. In den Orten, die die Spielleute ansteuerten, gab es fast immer etwas zu tun. Wenn nicht gerade Markt war oder ein lokales kirchliches Fest gefeiert wurde, so gab es doch zumindest eine Hochzeit, eine Taufe oder ein anderes Familienfest, bei dem man den Gästen aufspielen konnte. Wenn nicht, wurde Straßenmusik gemacht. Verständlicherweise war es sehr mühsam, wenn man eine lange Reise bei Wind und Wetter hinter sich hatte und dann noch eine größtmögliche künstlerische Leistung vollbringen musste. Aber so war das Geschäft. Da mochten die Muskeln noch so zwicken, tolle Akrobatik wurde vom Publikum erwartet, sonst klimperten die Münzen nicht. Heiserkeit vom durchnässten Wams? Wer nicht gut sang, wurde ausgelacht. Und gute Laune, ja, die wurde sowieso erwartet von den Künstlern.

Codex Manesse, Sängerstreit auf der Wartburg, um 1300

Augustin von Moersperg, Der Rattenfänger von Hameln, 1592

Mit Räubern musste man auf den Straßen immer rechnen. Auf den größeren Flüssen hatten sich Piraten auf das Ausrauben von Flussreisenden spezialisiert. Und dann gab es noch die hinterhältigen Gastwirte, die speziell in der Nacht ihre Gäste ausplünderten. Prostituierte, die sich in den Wirtshäusern gerne als ehemalige Pilgerinnen, die ihr Ziel nicht erreicht hatten, ausgaben, lenkten die Übernachtungsgäste ab.

Auch wenn ihr Beruf sie als rechtlos darstellte, erlangten manche Stars unter den fahrenden Spielleuten sogar einen gewissen Wohlstand. Walther von der Vogelweide etwa, dessen Name ja heute noch geläufig ist, erhielt im Jahre 1220 von Kaiser Friedrich II. ein Landgut zum Lehen.

Allerdings konnten die meisten Gaukler von ihrer Kunst alleine nicht leben. Der Hochseilartist verdiente sich wegen seiner Kletterkunst und Schwindelfreiheit einen Zusatzlohn als Schornsteinfeger oder Handwerker bei Reparaturen in größerer Höhe. Spielleute, die sich aufs Scherenschleifen oder Kesselflicken verstanden, waren gefragt, denn all das, was von den niedergelassenen Handwerkern eines Ortes nicht geleistet werden konnte, waren Lücken, die die Gaukler füllen konnten. Ein häufiger Nebenberuf war das Rattenfangen. Der Rattenfänger von Hameln, jener Musikant, der als bunt gekleideter Flötenspieler vor sein Publikum trat, ist der Prototyp dieser gefragten Dienstleister. Wenn man sich die hygienischen Zustände des Mittelalters vor Augen führt, versteht man, dass Rattenfänger eine wichtige Rolle spielten. Die intelligenten und anpassungsfähigen Nager waren überall präsent, wo man sie nicht brauchen konnte. Viele Spielleute verdingten sich als Rattenfänger, allerdings setzten sie ihre Instrumente nicht zum Fangen der Tiere ein. Auch wurden keine Ratten ertränkt, sie waren immer schon sehr gute Schwimmer. Gift war das Mittel der Wahl. Es kursierten diverse Rezepte, ein äußerst wirksames Rattengift herzustellen.

Spuren in der Antike

Im Kontinuum der Zeit hat sich das Gauklertum aus der Antike entwickelt. Auch die Vorläufer der mittelalterlichen Spaßmacher waren schon von doppelter Natur. Hier war der anarchistische Spötter ohne Furcht vor Obrigkeiten, dort stand die Figur des Außenseiters, der entweder körperlich oder geistig missgestaltet war oder sich freiwillig durch sein närrisches Verhalten zum Gespött der Mitmenschen machte. Er stand also auf beiden Seiten, bei den Spöttern wie auch bei den Verspotteten. Und auch frühzeitig gab es schon den Zwitter, für den beide Attribute galten. In der griechischen Mythologie wird der Gott Hephaistos vom Olymp entfernt, weil er missgebildete Füße hat. Erst als er seine Mutter rettet, darf er am Tisch der anderen Götter als Mundschenk dabei sein. Er wird meistens ausgelacht, weil er hinkt. Anstatt eines edlen Pferdes, wie bei den Göttern üblich, dient ihm ein Esel als Reittier. Er überspielt seinen Wunsch nach Anerkennung und Liebe durch aufgesetzte Heiterkeit. Ganz anders Orpheus. Er gewinnt durch Gesang und Leierspiel die Herzen. Selbst die Tiere sind ihm zugetan. Die unerfüllte Liebe zu Eurydike lässt ihn zum suchenden Wanderer werden, zum fahrenden Spielmann. Im fünften Jahrhundert v. Chr. entstanden in Athen die ersten klassischen griechischen Komödien, deren besonderes Merkmal es war, dass in ihnen Respektlosigkeit gegen die Götter wie auch gegen die Menschen deutlich zum Ausdruck kam. Alles und jeder konnten der Lächerlichkeit preisgegeben werden. Der Handlungsrahmen war vorgegeben, aber die Darsteller improvisierten und ließen sich immer neue Späße und Derbheiten einfallen. Meist war das aktuelle Geschehen, politisch wie gesell-

Ägyptische Jongleure, um 2000 v. Chr.

schaftlich, Zielscheibe ihres Agierens. Die Schauspieler nutzten ihre Freiheit, um die damaligen Prominenten ganz ohne Erbarmen lächerlich zu machen. Eine spezielle Gestalt, die sich in der Antike durch Possenreißerei hervortat, war der Mimus. Sein Spezialgebiet war das Stegreifspiel; anfangs als pantomimische Solonummer, später auch mit Text und Musik. Die Unterhaltungskunst der Mimen war in Rom wie in Griechenland gleichermaßen beliebt. Ähnlich wie die mittelalterlichen Gaukler waren sie die Attraktionen auf den Märkten. Auch damals schon wurden die Schauspiele von Musik begleitet und durch akrobatische Einlagen komplettiert. Auch gab es feste Typen, die in keiner Aufführung fehlen durften, wie den Grimassenschneider oder den alten Schmeichler. Neben den Bühnendarbietungen auf den Märkten traten die Mimen bei Gastmählern reicher Menschen auf, auch hier zeigt sich eine Parallele zum Mittelalter.

Aus der Stadt Atella in Italien gelangten im vierten Jahrhundert v. Chr. die Atellanen nach Rom. Zu dieser Art der Theaterspielerei gehörten diverse Bühnentypen, die sich über die Jahrhunderte als Elemente der Aufführungen hielten: der Schwätzer, der Geizige, der Eingebildete, der Dumme, der Versoffene, der Gerissene (wobei die Geschlechter von Stück zu Stück variierten). Im Dezember feierte man im antiken Rom die Saturnalien. Sieben Tage lang huldigte man dem Gott Saturn, die öffent-

Ägyptische Wandmalerei Sängerinnen und Tänzerinnen, um 1400 v. Chr.

Ägyptische Wandmalerei Musikerinnen, um 1400 v. Chr.

Codex Vaticanus, Atellanen, ca. 825

liche Arbeit ruhte, man gab sich Vergnügungen hin. Es war üblich, dass die gegebenen Ordnungen und Hierarchien auf den Kopf gestellt wurden, was zum Beispiel bedeutete, dass die Herren die Sklaven am Tisch bedienten. Höhepunkt des Festes war die Wahl eines Narrenkönigs. Meistens wurde ein geistig Zurückgebliebener gewählt, den man bunt kleidete und durch die Straßen trug. Es war bei den Römern üblich, sich über Gehandicapte lustig zu machen. Außenseiter wurden bloßgestellt und der Lächerlichkeit preisgegeben. Dies war bei manchen Vergehen auch eine Bestrafungsart. Der Verurteilte wurde in ein Spottgewand gekleidet und das Volk durfte sich voller Schadenfreude an ihm auslassen.

Keltische Barden

Die Epoche der historischen Kelten vom achten vorchristlichen Jahrhundert bis etwa zur Zeitenwende war für Künstler eine mehr als gute Zeit. Bei den Kelten handelte es sich streng genommen nicht um ein einheitliches Volk, sondern um eine kulturell verbundene Gemeinschaft, die ihren Ursprung im Alpenraum genommen hatte und sich von dort aus über das heutige Frankreich bis auf die Iberische Halbinsel, ins Rheinland, nach Holland und auf die Britischen Inseln und im Osten ins heutige Tschechien, die Slowakei, Rumänien, Ungarn und Westrussland verbreitete und selbst in Anatolien Fuß fasste. In der hoch entwickelten keltischen Kultur genossen Musiker und Dichter höchstes Ansehen; viele von ihnen waren gleichzeitig Druiden und ein-

oben: Unbekannter Künstler, Alfred der Große als Barde im dänischen Lager

unten: Benjamin West, Der Barde, 1778

flussreiche Mitglieder der Gesellschaft. Nach der Eroberung durch die Römer wurden die Druiden zu Staatsfeinden ernannt und politisch verfolgt. Ihr altes philosophisches Wissen wurde in den Untergrund gedrängt und fand in Teilen Eingang in die Mythen- und Liederwelt der Spielleute. Die Barden waren ursprünglich keltische Liedermacher, die in ihren Texten gesellschaftlich verehrte Persönlichkeiten priesen. In erster Linie spielten sie auf der Harfe. Es gab allerdings noch weitere Instrumente – verschiedene Flöten und Pfeifen, Percussioninstrumente und diverse Saiteninstrumente. Die Römer verboten den Kelten zwar das Druidentum, nicht aber die Musik und ihre Musiker, deshalb dürfen wir uns durchaus eine Kontinuität von der Zeit der Kelten bis ins Mittelalter vorstellen.

Die Zeit der vielen Feste

Groß war die Zahl der kirchlichen Feiertage im Mittelalter, an denen die Bevölkerung gerne aß, trank und tanzte. Gastgeber ließen sich nicht lumpen. Es war eine Frage der Ehre, auch noch

Braunschweiger Monogrammist, Gasthaus mit Akrobaten und einem Dudelsackspieler, ca. 1550

die letzten Vorräte aufzutischen, wollte man seine Gäste nicht verprellen. Hochzeiten oder einfache Bauernfeste endeten nicht selten als Fress- und Sauforgien. Sieben bis elf Gänge waren üblich. Um Reichtum zu demonstrieren, sparte man nicht an exotischen Gewürzen. Legendär ist die Festtafel von Herzog Georg dem Reichen, der 1475 in Landshut die polnische Königstochter Hedwig heiratete und nicht nur über 40 000 Hühner, sondern auch rund 500 Kälber, 1500 Lämmer, 1750 Schafe und 320 Ochsen schlachten ließ.

So gut wie immer waren Gaukler und Spielleute dabei. Das galt natürlich auch für private Feiern. Je größer das Fest war, umso mehr wurde dem Publikum geboten. Neben Musikanten waren es Artisten und Gaukler der verschiedensten Art, die man engagierte. Während vor adeligem Publikum die Troubadoure ihre selbst verfassten Liebeslieder vortrugen, traten bei den Bauern fahrende Sänger auf. Besondere Aufmerksamkeit erweckten Dompteure und Tierbändiger. Als im Jahre 1482 in der Stadt Köln erstmals ein Elefant gezeigt wurde, kam es zu einem Massenauflauf.

Seit dem Mittelalter feierte man den Tag der Weihe einer Ortskirche oder den Namenstag des oder der Schutzheiligen mit einem religiösen Fest. Da viele Ortsbewohner gerne auch an den Festen der Nachbargemeinden teilnahmen, legte man in einigen Bistümern zentrale Termine fest, um das Feiern nicht überhandnehmen zu lassen. Die Feste entwickelten sich im Mittelalter zu bunten Jahrmärkten mit Verkaufsständen und verschiedenen Unterhaltungsmöglichkeiten, bei denen die Gaukler und Spielleute eine zentrale Rolle spielten. Die Schar der Darsteller war groß, ebenso die Vielfalt ihrer Künste.

Wenn eine berühmte Truppe oder ein prominenter Einzelspielmann in die Stadt kam, verbreitete sich die Nachricht wie ein Lauffeuer und die Menschen versammelten sich auf dem Markt. Und dann gab es natürlich noch die Superstars, meist hoch angesehene Barden, die als Minnesänger an den Adelshöfen gastierten und logierten und nicht sehr viel gemein hatten mit der Masse der Bänkelsänger und Verseschmiede in den Dorfschänken. Der schon erwähnte Walther von der Vogelweide war so ein Popstar, der es mit seiner Kunst zu Wohlstand brachte.

Geschickte Artisten

Seit der Antike sind Artisten wichtige Bestandteile des kulturellen Lebens. Der Schwerpunkt ihrer Kunst liegt auf der körperlichen Geschicklichkeit. Die Artisten des Mittelalters waren nicht nur die Vorläufer der heutigen Zirkus- und Varietékünstler, sondern auch vieler erfolgreicher Sportler, beispielsweise im Kunstturnerfach oder dem der Breakdancer oder der Extremsportler unserer heutigen Zeit. Schon damals gab es Antipodisten, die Gegenstände mit den Füßen warfen. Ikarier taten dies sogar mit Menschen und tun dies heute noch. Kontorsionisten zeigten als Schlangenmenschen ihre Beweglichkeit. Hochseilartisten des Mittelalters befestigten gerne ihre Seile an Kirchtürmen und demonstrierten ihr atemberaubendes Können im Gegensatz zu heute ohne ein schützendes Auffangnetz.

Ein joculator ist auf Lateinisch ein Narr, ein iaculator ein Werfer. In der französischen Sprache entwickelte sich zunächst das Wort joglar, das später zum Jongleur wurde. Jongleure zogen im Mittelalter über das Land und waren auch als Unterhalter bei Hofe beliebt. Im Jahre 1331 wurde erstmals eine Jongleursbruderschaft schriftlich erwähnt, die Confrerie de St. Julian in Paris.

Unbekannter Künstler, Der Seiltänzer Christian Roat fällt vom Turm des Rosenborg-Schlosses und stirbt, 1827

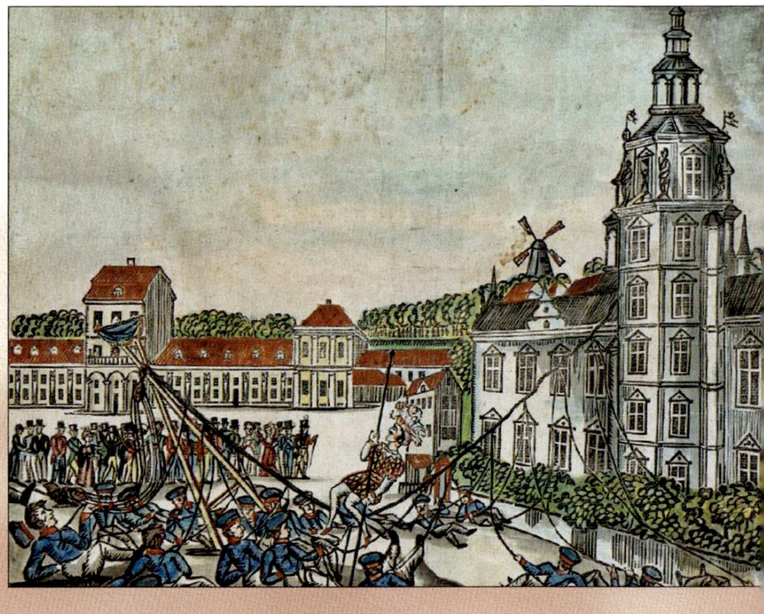

Unbekannter Künstler, Jongleur mit Bällen und Messern

Möglicherweise ist das Jonglieren so alt wie der aufrechte Gang. Es gibt 4000 Jahre alte ägyptische Wandbilder, die jonglierende Frauen zeigen. Etwa ab dem sechsten Jahrhundert sind mittelalterliche Jongleure nachgewiesen. Ihr Ruf war schlecht. Anders als die Musiker hinterließen sie keine Melodie, keinen Witz oder Scherz, den man von Spaßmachern aufschnappen und weitererzählen konnte. »Was kann eine schlimmere Beschimpfung sein – ein Jongleur oder ein Dieb zu sein?« war ein Ausspruch im Mittelalter. Dennoch hielten sich viele Troubadoure Jongleure, um ihr Programm bunter zu gestalten.

Possenreißer und Clowns

Auf den Märkten und Turnieren agierten diverse Sorten von Spaßmachern als Unterhaltungskünstler. Ihre Anspielungen waren derb und wurden durch ausholende Gesten verstärkt. Possenreißer traten zumeist einzeln auf. Oft mischten sie sich unter das Volk und gaben ihre Späße spontan zum Besten. Die Zielscheiben ihres nicht selten

Lawrence Alma-Tadema, Ein Jongleur, 1870

Fritz Beinke, Der Jongleur, 1873

beißenden Spotts waren Adel, Bürgertum und Kirche. Sie mussten oft aufpassen, dass sie sich nicht um Kopf und Kragen redeten. Als colonus bezeichnet man im Lateinischen einen Bauerntölpel. Im Altnordischen hat das Wort klunni die gleiche Bedeutung. Das Wort Clown taucht erstmals in der irischen Mythologie auf. Als Spaßmacher hatten die Clowns eine Pausenfüllerfunktion zwischen verschiedenen Darbietungen, beispielsweise, wenn andere Künstler sich umzogen oder Umbauten nötig waren. Das geschminkte Gesicht hat sich bis heute erhalten. Aus den ersten Spaßmachern entwickelten sich der Arlecchino (Harlekin, Hanswurst), der Pedrolino (Pierrot) und die Pulcinella im italienischen Stegreiftheater. Unser heutiges Wort Harlekin kommt von Hellekin oder Herlequin, mit dem man seit dem zwölften Jahrhundert einen Teufel benannte. Allerdings gelang es der Harlekinfigur schon recht schnell, die Nähe zum Teuflischen abzustreifen. Der frühe Harlekin trug ein Flickengewand wie seine Späße treibenden Vorgänger in der Antike. Der Harlekin muss sich mit all den Widrigkeiten auseinandersetzen, denen auch ein normaler Mensch begegnet. Das führt dazu, dass man als Zuschauer immer wieder

Karel Dujardin, Quacksalberbühne mit italienischen Komödianten, 1657

Jan Miel, Tanz in der Trattoria, 17. Jahrhundert

Identifikationsmomente erlebt. Der Harlekindarsteller spielt keine Rolle, im Moment des Agierens ist er schöpferisch der, den er vorgeben soll zu sein. Seine Merkmale sind Dummheit wie Schläue, Furcht und Mut, vermeintliches Scheitern und Erfolg. Die Polarität der Welt ist sein Aufenthaltsort.

Das mittelalterliche Straßentheater war eine beliebte Abwechslung für die Menschen jener Zeit. In Italien entwickelte sich aus dem Straßen- und Markttheater im 16. Jahrhundert die populäre Commedia dell'Arte. Die Typen, die im Straßentheater immer wieder erkennbar waren, hatten nicht nur äußere Merkmale, die sie unterscheidbar machten, sondern auch klangliche. So wurden gerne verschiedene Dialekte benutzt. Der Gelehrte etwa sprach dann in der Mundart einer Universitätsstadt. Masken, nicht selten Tierköpfe, brachten die Figuren in Zusammenhang mit den Eigenschaften bestimmter Vertreter des Tierreiches. Der Geizige trug dann zum Beispiel eine Geiermaske, der Prahlhans die eines Gockelhahns. Die Darsteller improvisierten, nur die Grundzüge des Geschehens wurden vorher festgelegt. Die Handlung wurde durch artistische oder komödiantische Einlagen unterbrochen, in denen die Schauspieler den Fortlauf der Handlung kurz festlegen konnten. Man darf sich diese Überbrückungsstückchen vorstellen wie eine Clownsnummer im heutigen Zirkus und manche dieser kurzen Sketche wurden, weil sie gut waren und das Publikum sie liebte, in das allgemeine Repertoire vieler Gauklertruppen übernommen.

Louis de Caullery, Theaterbühne, 1642

Ein Merkmal des Straßentheaters waren auch die einzelnen Menschentypen, die in den Rollen verkörpert wurden. Ähnlich wie beim Kasperl- oder dem heutigen Volkstheater gab es unverzichtbare Charaktere: die Obrigkeit, den Schurken, den edlen Ritter, die holde Maid, den Teufel ... Das Stegreiftheater war für sein Publikum ein Spiegel des alltäglichen Lebens mit all seinen Widrigkeiten, Irrungen und Wirrungen, seinen Verstrickungen und Wendungen. Je nach Fähigkeiten der Darsteller wurde das Geschehen durch akrobatische Szenen aufgelo-

Franciszek Kostrzewski, Circus in Saska Kepa, 1852

ckert. Die meist kurzen Szenen hatten keine vorher erarbeitete Textvorlage, sondern lediglich ein grobes Skript mit improvisierter Wortwahl. Dabei variierte die Handlung, die auf die jeweiligen örtlichen Gegebenheiten anpassbar war.

Redegewandte Erzählerinnen

Die Dörfer waren die Zielorte professioneller Erzählerinnen, die ihrer Zuhörerschaft gegen Bezahlung den neuesten Klatsch aus den Nachbarorten und den städtischen Metropolen mitbrachten. Sie waren die journalistischen Vorläufer der Yellow Press unserer heutigen Tage. Dabei kam es darauf an, möglichst spannend zu berichten. Die Erzählerinnen nutzten alle dichterischen Freiheiten, ihr Publikum hatte kaum die Möglichkeit, die Inhalte auf ihren Wahrheitsgehalt nachzuprüfen. Aber darum ging es auch nicht. Es war viel spannender, im eigenen häuslichen Bereich die Nachrichten aus der weiten Welt den Seinen weiterzuerzählen. Neben Klatsch wurden auch, je nach Publikum, Märchen erzählt. Märchen sind wahrscheinlich so alt wie die menschliche Sprache. Im Mittelalter dienten überlieferte Erzählungen zum einen der Unterhaltung, zum anderen hatten sie einen erzieherischen Aspekt. In den von den Gebrüdern Grimm

Rudolf Schiestl, Pfeifer von Niklashausen

gesammelten Volksmärchen sowie in den überlieferten alten Sagen tauchen Gaukler, Spielleute und gesellschaftliche Außenseiter oft auf: Man denke nur an den Rattenfänger von Hameln, die Bremer Stadtmusikanten oder Hänsel und Gretel.

Flagellanten

Flagellanten zogen in Gruppen durch Europa. Halbnackt geißelten sie sich öffentlich. Ihr Ziel war es, stellvertretend für alle Menschen Buße zu tun. Öffentlichkeitswirksam improvisierten die Flagellanten mit ihren Peitschen und Ruten und provozierten dabei bewusst, dass die Zuschauer ihre freiwillige Tortur mit

Flagellanten, 15. Jahrhundert

Schluchzen und Weinen begleiteten. Meist wurden die Flagellanten von einem charismatischen Mann angeführt. Sie stellten sich im Kreis auf und begannen mit ihrem rhythmischen Peitschen. Sie waren davon überzeugt, dass im Jahre 1260 ein neues Zeitalter begann, dem man mit öffentlicher Buße den Boden bereiten sollte. Die Kirche sah die Flagellanten allerdings wegen der Fanatisierung der Massen als gefährlich an.

Sogenannte Dallinger standen alleine vor den Kirchenportalen und schlugen sich selbst mit Ruten. Sie seien auf Wallfahrt gegen alle Sünden, so hieß es. Dann bettelten sie.

Manchmal tauchten auf den Märkten Männer auf, die als Fopper bezeichnet wurden und ihre Frauen den Zuschauern präsentierten und sagten, diese seien von bösen Geistern besessen. Die Frauen rissen sich dabei die Kleider vom Leib. Hilfe, so sagte der Mann, könne die Frau, die sich einem Heiligen versprochen habe, nur bekommen, wenn man entsprechend spendete.

Quacksalber und Zahnbrecher

Als Quacksalber galten diejenigen, die keine Ärzte waren und trotzdem vorgaben, Krankheiten heilen zu können. Das niederländische Wort »kwakken« (schnattern, anpreisen) könnte bei der Entstehung des Begriffes Pate gestanden haben, ebenso wie das Wort »Quecksilber«, denn gegen Ende des Mittelalters

Jan Victors, Quacksalber auf dem Markt, um 1635

kamen quecksilberhaltige Salben auf, die gegen die Syphilis helfen sollten und auch außerhalb der Apotheken auf den Märkten angeboten wurden. Als Salbari wurden auf Althochdeutsch die mittelalterlichen Salbenhändler bezeichnet. Die Zahl der Gemälde aus der Renaissance und dem Barock, die

Franz Anton Maulbertsch, Der Quacksalber, ca. 1785

links: Gerrit Dou, Der Quacksalber, 1652

uns sehr detailliert das Tun der Quacksalber in der Öffentlichkeit zeigen, ist groß. Das spricht für das öffentliche Interesse an diesem Beruf. Man erkennt den Behandelnden, der einen vom Schmerz gepeinigten Patienten traktiert, ihm einen Zahn zieht oder andere Blessuren zu kurieren versucht. Oder jemanden, der massenwirksam ein besonderes Heilmittel anpreist. Hier verwischen sich die Grenzen zwischen Hilfe, Hilfesuche, Schau- und Sensationslust. Ein Quacksalber selbst hätte sich aus damaliger Sicht sicherlich nicht zur Unterhaltungsbranche gezählt. Das Publikum tat dies sehr wohl. Hier gab es etwas zu sehen. Wenn der Nachbar, den man nicht wirklich gut leiden mag, schmerzgepeinigt die holzgezimmerte Bühne betritt und der Zahnbrecher mit ausholender Geste die Zange als letzte Instanz schwingt, so schaut man gebannt. Das Volk gafft. Wird er gleich laut schreien? Was die Musik oder die Malerei betrifft, könnten die Stars von damals locker neben den heutigen bestehen. Aber in der Medizin gäbe es gewaltige Unterschiede, nein, es gäbe nicht einmal die geringsten Gemeinsamkeiten. Hatte man im Mittelalter Schmerzen, eine Krankheit oder eine Störung, gab es verschiedene Anlaufstellen. In Klöstern verstand man sich in erster Linie auf Pflanzenmedizin, dort gab es Arznei, die möglicherweise helfen konnte. Bader waren für Äußerliches zuständig, Wunden oder Hautentzündungen zum Beispiel. Was innere Angelegenheiten betraf, gab es die Ärzte, und da war es manchmal recht gefährlich, wenn man sich ihnen anvertraute. Das gemeine Volk hatte glücklicherweise in den meisten Fällen gar nicht das Geld, um sich in die Hand eines Arztes zu begeben. Was blieb, waren die Kräuterkundigen auf dem Land, die sich auf Erfahrungs- und Volksheilkunde verstanden. Manche arbeiteten auch per Handauflegen. Die große Mehrheit der von Gebrechen Geplagten wartete auf den nächsten Besuch eines fahrenden Heilkünstlers. Da gab es Spezialisten: Wurzkrämer etwa, die Wunder wirkende Kräutertinkturen anpriesen. Die Zahnbrecher, die der Besitz einer großen Zange für diesen Beruf prädestinierte. Oder Starstecher, die sich mit spitzen Gegenständen an kranken Augen zu schaffen machten. Urinpropheten schauten sich menschliche Ausscheidungen an und zogen daraus ihre Schlüsse. Sie alle wirkten, gemeinsam

Hieronymus Bosch, Das Steinschneiden, 1494–1516

Unbekannter Künstler, Der alte teutsche Zahnbrecher, 1632

Jan Steen, Der Quacksalber, 1650–1660

mit den Spielleuten und Gauklern, magnetisch auf das sensationshungrige Publikum. Da sah man sonderbare Pillen in den verschiedensten Farben und mit den komischsten Namen. Da lagen Riesensteine, von denen die Steinschneider behaupteten, sie aus den inneren Organen, ja sogar aus den Köpfen ihrer Patienten herausoperiert zu haben. Die Heilkünstler stellten neben bühnenartigen Gerüsten ihre Knochensägen und Messer, Klistiere und Schröpfköpfe und allerlei Schriftliches aus, das ihnen in Urkundenform bestätigte, was sie selbst lauthals kundtaten: Hier steht ein Mann mit beachtlichen Fähigkeiten, kommt nur her, er macht auch euch wieder gesund! Quacksalber ist der Oberbegriff für die bunte Schar der Pseudoheiler, die marktschreierisch Werbung in eigener Sache betrieben. Denn auf dem Markt schreien können, das musste man, wollte man gehört werden. Sehr oft kam es zur Kooperation zwischen dem lautstarken Medizinmann und den Spielleuten im Umfeld. Nicht wenige hielten sich eigene bezahlte Gaukler, die das Publikum bei der Stange hielten oder es ablenkten, wenn es nötig war. Der berühmte Wanderarzt Paracelsus, dem wir hier Unrecht täten, steckten wir ihn mit den Quacksalbern in einen Topf, wurde von seinen Medizinerkollegen als solcher bezeichnet, weil er Quecksilberpräparate bei Syphiliserkrankungen propagierte. Auch für den Begriff »Scharlatan« gibt es verschiedene Deutungen. »Cialare« kommt aus dem Italienischen und heißt übersetzt »schwatzen«. Eine zweite Erklärungen sind die scharlachroten Mäntel, die viele Quacksalber trugen, um den Medizinprofessoren jener Zeit optisch ähnlich zu sein. Natürlich sind beide Ausdrücke mit negativen Assoziationen behaftet, heute mehr noch als damals. Wir sollten uns aber auch darüber im Klaren sein, dass die Zange des Zahnbrechers oft die einzige Möglichkeit für einen einfachen Bürger war, eines kranken Zahnes entledigt zu werden. Und nicht alle Quacksalber waren Betrüger. Es gab durchaus auch Heilbegabungen unter ihnen. Aber unser Augenmerk liegt auf dem Unterhaltungswert für das Publikum. Wenn Blut floss, wenn Sensationelles passierte, dann hatte man als Zuschauer anderen etwas zu erzählen. Es war die Suche nach Abwechslung, die die Menschen zu den Quacksalbern strömen ließ. Operationen unter freiem Himmel waren ein Theater, dem man nicht alle Tage beiwohnen konnte. Die Heiler auf den Märkten wussten nur allzu gut, dass der wertvollste Patient immer derjenige war, der hinterher die Künste des Behandlers pries. Und sie hatten auch gelernt, dass man ein guter Psychologe sein musste, wenn man die Selbstheilungsprozesse seiner Klienten in Gang setzen wollte. Die moderne Medizin heutzutage weiß längst, dass verordnete Medikamente oft deutlich besser wirken, wenn der Arzt den Patienten schon vorher von deren Wirksamkeit überzeugt hat. Und so war es ein wesentlicher Punkt in ihrer Vorgehensweise, ihre Mittelchen in den höchsten Tönen zu loben und der Menge das Blaue vom Himmel zu versprechen.

Natürlich profitierten sie auch von der abschreckenden Wirkung ihrer Behandlungen. Während der Zahnbrecher etwa einem geplagten Patienten einen Zahn ausriss, bot sein als Hanswurst verkleideter Kollege selbst hergestellte Pillen an, die die Käufer davor bewahren sollten, erst in solch eine missliche Lage zu geraten. Bis in die Mitte des 19. Jahrhunderts, als man für Chirurgen und Apotheker sowie für Zahn- und Augenärzte ein Universitätsstudium einführte, waren die Quacksalber auf den Märkten zu finden. Zwar hatten die Obrigkeiten immer versucht, deren Aktivitäten zu unterbinden, meistens jedoch ohne Erfolg.

Bescheidenes Auftreten war etwas, das man den fahrenden Heilkundlern nicht nachsagen konnte. Manche reisten mit einem Tross durch die Lande. Ihnen hatten sich Spielleute angeschlossen, Artisten und Tierbändiger.

Es gab natürlich auch andere, die sich der Heilung verschrieben hatten. Schon in der Antike waren Musik und Magie eine Einheit. Mit Klängen beschwor man die sichtbare wie auch die unsichtbare Welt. Dies tun die Schamanen diverser sogenannter Naturvölker noch heute. Es hat immer schon Menschen gegeben, die eine »Antenne«, einen »siebten Sinn« für die feinstofflichen Bereiche haben. Bei den Kelten wurden sie in Druidenschulen auf ihre späteren Aufgaben vorbereitet, dazu gehörte auch der gezielte Umgang mit Musik. Auch die frühen irisch-christlichen Mönche standen noch in dieser Tradition. Auf dem Kontinent, wo sich das römische Christentum durchsetzte, verschwanden die geborenen Heiler im Untergrund oder wandten sich dem offiziellen Glauben zu und praktizierten hinter Klostermauern. Sicherlich wurden manche von ihnen auch Fahrende, dann waren sie sicherer vor Verfolgung. Dass man sie heute vielfach mit den reißerisch agierenden Quacksalbern in einen Topf wirft, wird ihnen nicht gerecht. Aber ihr Tun fand zumeist eher im Verborgenen statt und bot wenig Spektakuläres zum Anschauen, hatte also keinen unterhaltenden Aspekt wie etwa das öffentliche Entfernen eines kranken Zahnes.

Fahrende Studenten

Scholaren waren fahrende Studenten, die lernend von Universität zu Universität zogen, sie folgten den Professoren, die an

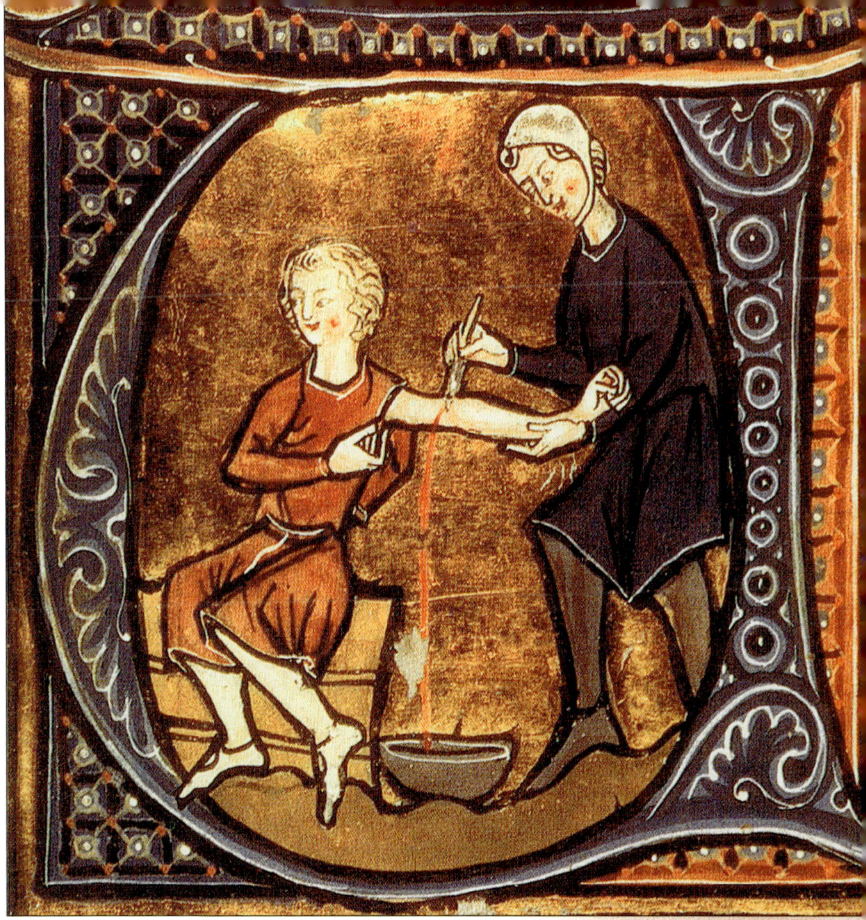

Aderlass

wechselnden Schulen lehrten. Oft führten sie ein Leben als Spielmann, quasi um sich ihr Studium zu finanzieren. Nicht wenige schlossen sich auch professionellen Gruppen an, denn ihr Wissen und ihre Bildung konnten hilfreich sein. Aus dem kreativen Kontakt zwischen Scholaren und den anderen Spielleuten ergab sich oft Neues: Ein offizielles frommes Lied wurde in ein frivoles umgedichtet oder eine an der Schule gelehrte historische Begebenheit wurde zu einem Abenteuer für die Markt- und Straßenbühne umgeschrieben. Ja, und wenn man dann noch Lieder auf Italienisch, Griechisch oder Latein vortragen konnte, machte das beim gemeinen Publikum natürlich Eindruck. Manche Gebildete blieben zeitlebens Fahrende. Sie traten mit lateinischen Liedern und Prosa gerne an Höfen, in Klöstern und Bischofssitzen auf und un-

Scholar

Unbekannter Künstler, Die Gartenlaube, 1879

terhielten ihre Gastgeber gegen Lohn, Kost und Logis. Da sie überall Neues und Interessantes erfuhren, waren sie wichtige Informanten und ließen sich ihre Auskünfte auch meistens gut entlohnen. Die Scholaren konzentrierten sich bei ihrer Kunst auf ein hohes sprachliches Niveau; Akrobatik spielte für sie keine Rolle.

Sündfegerinnen

Als Sündfegerinnen wurden Frauen bezeichnet, die zuvor ein loses Leben geführt hatten und sich nun im Namen von Maria Magdalena zu befreien versuchten. Dazu benötigten sie in erster Linie das Geld der Umstehenden.

Taschenspieler

Der Begriff Taschenspieler leitet sich von der Gauklertasche ab, in der die Requisiten aufbewahrt wurden. Die Taschenspieler taten so, als besäßen sie magische Kräfte, und führten das gutgläubige Publikum mit Tricks hinters Licht. Dies goss Wasser auf die Mühlen der kirchlichen Gauklergegner, die die Kunststücke als satanischen Ursprungs deuteten. Im 16. Jahrhundert erschien in England erstmals ein aufklärendes Buch, das die Taschenspielertricks als ebensolche entlarvte.

Taschenspielereien hatten im Mittelalter den Zweck, Schaulustige mit Kunststücken anzulocken, um ihnen nach der Aufführung Waren anzubieten. In erster Linie war es das Becher-

Hieronymus Bosch, Der Taschenspieler, um 1500

Friedrich Bernhard Elias, Taschenspieler auf einem Jahrmarkt, 1843

oder Hütchenspiel, bei dem kleine Bälle oder hauptsächlich Muskatnüsse verschwinden gelassen wurden. In Frankreich nannte man die Hütchenspieler Eskamoteur (nach escamot für Muskatnuss). Aus den Taschenspielern entwickelten sich im Laufe der Zeit die Straßenzauberer, die schon ähnlich wie heutige Showzauberer arbeiteten – immer mit der Zielrichtung, das Publikum zu verblüffen.

Bären, Affen und Giraffen

Im Mittelalter waren Braunbären in den Wäldern noch vorhanden und es war möglich, einen Jungbären einzufangen und ihn als Tanzbären abzurichten. Die Dompteure wollten ihr Publikum glauben machen, dass sie ein wildes Tier durch Musik besänftigen und gar zum Tanzen bringen konnten. Der Tanzbär selbst war die Hauptperson in einer Schar aus dressierten Hunden, Affen oder gar Kaninchen. Der »Tanz« des Bären wurde von Trommeln und Pfeifen, manchmal auch von Trompeten und Sackpfeifen begleitet. Die Dressur der Bären fand nach dem Muster der Konditionierung statt – während man den Tieren Musik vorspielte, wurden sie wiederholt mit erhitzten Eisenplatten oder spitzen Gegenständen gezwungen, einem bestimmten Bewegungsmuster zu folgen. Hörte der Bär später die Musik, löste dies bei ihm ein Schmerz vermeidendes Bewegungsschema aus, das aussah, als ob er tanze.

In den Wandermenagerien ging es nicht darum, dressierte Tiere vorzuführen, sondern außergewöhnliche Lebewesen zur Schau zu stellen. Entsprechende Menagerien waren seit der Antike in Europa unterwegs. Das Zeigen sonderbarer Tiere war zum einen ein Betätigungsfeld diverser Gauklergruppen, zum anderen schickten aber auch Adelige, die sich Privatzoos hielten, ihre Tiere regelrecht auf Tournee von Hof zu Hof, um ihren Reichtum darzustellen. So konnte es durchaus vorkommen, dass sich Giraffen und Elefanten auf mitteleuropäischen Straßen fortbewegten. Affen und Bären stellten die Mehrheit der präsentierten Wildtiere

Unbekannter Künstler, Bärenführer

Unbekannter Künstler, Schausteller mit Tanzbären, 18. Jahrhundert

Tanzbär, Schulbuch von 1810

dar. In einigen Gauklertruppen befanden sich schwarze Afrikaner, die der Schau einen weiteren exotischen Anstrich geben sollten. Die Schausteller transportierten ihre Tiersammlungen auf Pferdewagen in Käfigen. Am Schautag stellte man die Tierkästen in einer Reihe auf. Durch Sichtschutz verdeckt, schaffte man eine Ausstellungsfläche, die gegen Eintrittsgeld betreten werden konnte. Einzelne Tiere, beispielsweise Kamele, wurden vorher durch den Ort geführt, um die Bevölkerung neugierig zu machen. Tierschauen waren beliebte Objekte für Maler.

Vaganten mit eigenen Liedern

Die Vaganten hielten sich nicht auf den Märkten auf. Ihre Zielorte waren die geistlichen Höfe und die Pfarrhäuser. Bei ihnen handelte es sich um Scholaren, also um Kleriker, die keine feste An-

Codex Burana, Vagant, 13. Jahrhundert

stellung gefunden hatten und umherschweiften. Wandernde Studenten wurden ebenfalls als Vaganten bezeichnet, sie hatten eigene Lieder, die ab dem 12. Jahrhundert als »Vagantendichtung« bekannt wurden. Da die Vaganten lesen und schreiben konnten und meist auch der lateinischen Sprache mächtig waren, waren sie als geistreiche Unterhalter beliebt, was ihnen Chancen an den Höfen bot. Auch konnten sie Geistlichen bei der seelsorgerischen Arbeit helfen. Manche drängte es zu größeren Abenteuern und sie nahmen an Kriegszügen oder Expeditionen teil. Anscheinend war ihr liebster Aufenthaltsort allerdings die Schänke. Die oft derben Liebes- und Sauflieder der Vaganten sind uns beispielsweise in der »Carmina Burana« erhalten geblieben.

Später wurden auch wandernde Handwerksgesellen zu den Vaganten gezählt. Für sie war in ihrer Heimat meistens nicht genug zu tun. Andere erhofften sich durch berufliche und persönliche Erfahrungen eine Erweiterung des Horizontes.

Büßende Zigeuner

Sprachwissenschaftler haben herausgefunden, dass die Zigeuner vom indischen Subkontinent gekommen und in einer Jahrhunderte dauernden Wanderung nach Europa gezogen waren. Im späten Mittelalter, kurz nach 1400, tauchten sie in den deutschen Landen auf. Erste schriftliche Quellen nennen sie »Tataren« oder »Heiden«. Die Zigeuner selbst trugen in den Städten zur Unterhaltung bei, wenn sie den Menschen erzählten, dass ihre Herkunft das ferne Ägypten sei und sie zur Buße umherziehen müssten, weil ihre Vorfahren sich einst geweigert hätten, die Heilige Familie aufzunehmen. Eine andere beliebte Geschichte handelte vom Papst, den man aufgesucht habe, um seine Sünden zu

Fanciszek Streitt, Eine Roma-Familie auf dem Weg, 1887

beichten, und der den Zigeunern auferlegt habe, sieben Jahre in der Welt umherzuziehen, ohne in einem Bett zu schlafen.

Manegen unter freiem Himmel

Das Wort Circus ist ein römisches und lässt uns an blutige Gladiatorenkämpfe und Theateraufführungen als Großereignisse

Hugo Oehmichen, Jahrmarktszene, ca. 1932

denken. Allerdings hat der spätere umherreisende Zirkus nichts mehr gemein mit den antiken Arenen, lediglich, dass die Manege rund ist. Im Mittelalter gab es den Wanderzirkus als gemeinsam reisende Gruppe mit verschiedenen Programmpunkten, mit Musik, Artisten und Tieren, zwar schon, allerdings mit einem Unterschied: Man hatte damals noch kein Zelt, sondern man trat wie die anderen Spielleute unter freiem Himmel auf. Das praktische Zeltdach, das Publikum und Darsteller vor Regen und Wind schützte, kam erst im 17. Jahrhundert auf. Die frühen Zirkusse waren spezialisiert auf die großen Handelsmärkte, die oft mit kirchlichen Festen und Feiertagen verbunden waren. Daher stammt auch der heute noch geläufige Begriff Messe. Dort gab es viel Publikum, das neben dem Geschäftlichen nach Zerstreuung suchte. Es ist überliefert, dass auf der Frankfurter Messe im Jahre 1443 ein Elefant auftrat und Schausteller in Leipzig lebende Drachen präsentierten, vermutlich große Leguane. Die Zirkusnarren der damaligen Zeit waren die Vorgänger unserer heutigen Clowns. Die Stars waren aber neben exotischen Tieren die Akrobaten. Kurz nach 1500 geisterte das Wort vom »Salto mortale« durch die italienischen Messen, wenn etwa der Akrobat Angelo Tucaro angekündigt wurde. Und Hochseilartisten brachten ihre Taus gerne an den Kirchtürmen an, dort, wo die Massen sie am besten sehen konnten.

Unbekannter Künstler, Die Seiltänzer, ca. 1760

Codex Manesse, Reinmar der Fiedler mit Tänzerin, um 1300

Blendwerk für das Volk

Heute erinnert uns das gängige Wort »vorgaukeln« an die schillernde Unterhaltungsszene in der mittelalterlichen Welt. Man bezeichnete die Mehrheit der Unterhaltungskünstler als Gaukler. Ihre Schaubühne waren die offenen Plätze und Straßen, sie zeigten Kunststücke verschiedenster Art vom Zaubertrick bis zur sportlichen Darbietung. Und auch die Quacksalber, Bärenführer, Clowns und alle anderen, die in der Öffentlichkeit das Publikum unterhielten, selbst Wanderprediger, wurden als Gaukler wahrgenommen. Ihren Ursprung hat die Bezeichnung in dem althochdeutschen Wort gougolon, mit dem man Bewegungen bezeichnete, die ohne eigentlichen Sinn waren. Jemandem, der einem anderen etwas vorgaukelt, wird eine Vorspiegelung falscher Tatsachen unterstellt. Und genau dies unterstellte man auch dem fahrenden Volk: das Publikum in Erstaunen versetzen, es verblüffen und mit Tricks das Geld aus der Tasche ziehen. Aus diesem Grund stand das Gauklertum außerhalb der Gesellschaft, rechtlos in sozialer, juristischer oder kirchlicher Hinsicht.

»Ioculator« war die mittelalterliche Bezeichnung für die Gaukler. Es gab noch weitere Begriffe: »Mimus« (Mime), »Scarra« oder »Histrio« etwa. Das, was die Spielleute machten, war aus dem Blickwinkel der Theologen Blendwerk, das ja nur vom Meister Satan selbst kommen konnte. Die Gaukler waren der Ausdruck der höchstmöglichen Sittenverderbnis. Ein Spielmann konnte sein Instrument noch so gut beherrschen, eine Spielfrau glockenrein singen – »alles teuflische Musik«, sagten die Pfaffen. Und die erweckt die niederen Triebe im Menschen. Sicher, die Spielfrau kleidete sich gerne aufreizend. Das gehörte zum Geschäft. Und mancher männliche Zuhörer wusste auch, dass nach der künstlerischen Darbietung Privatvorstellungen gegen Bares willkommene Zusatzgeschäfte für die Künstlerin waren. Zuvor wurde aber auf Teufel komm raus versucht, den frommen Christenmenschen vom Pfad der Tugend abzubringen. Akrobatik, Tanz und Gesang waren die Hauptmittel. Die Kirche hatte Macht, die sie konsequent einzusetzen versuchte. Das Gauklerpack sollte niemals bürgerliche Rechte haben, für immer Außenseiter am Rande der Gesellschaft bleiben. Bis zur Franzosenzeit blieb dies auch so. Selbstredend, dass das Kirchenhaus für die Fahrenden ein Ort des Tabus war. Selbstredend, dass Fahrende von der Kommunion ausgeschlossen waren. Genauso wie unehelich Geborene oder Strauchdiebe. Keiner sollte und durfte ihnen als Zeugen vor Gericht Glauben schenken. Während ein großer Teil der Kirchenmänner die Gaukler zur Zielscheibe für ihren Hass auf die Welt machten, sind diese, quasi durch die Hintertür und ihrerseits auch sicherlich nicht unbedingt gewollt, auf Dauer mit den Kirchen verbunden worden. Denn sehr oft finden sich bei genauerem Hinschauen an den Außenwänden vieler mittelalterlicher Kirchen Darstellungen von Gauklern. Ebenso in der christlichen Buchmalerei jener Zeit. Vor allem die sogenannten Stundenbücher aus dem frankoflämischen Raum sind mit Gauklerdarstellungen illustriert. Welche Absicht hatten die Künstler, die diese die Jahrhunderte überdauernden Werke schufen? Es scheint, als habe man einen Gegenpol schaffen wollen zur offiziellen kirchlichen Darstellungsweise. Wer eine Kirche durch figürliche und ornamentale Darstellungen verzierte, war ein Künstler. Und Künstler fühlen sich anderen Künstler oft verbunden. Möglicherweise war den Steinmetzen und Bildhauern jener Zeit das Gauklervolk sympathischer als die kirchlichen Auftraggeber mit ihren strengen Moralvorstellungen. Vielleicht wurde auch so mancher Meister von den Kirchenleuten gegängelt und hat mit der Darstellung tanzender, singender und Kunststücke aufführender Gaukler genau die Berufsgruppe an die Kirchenwände gebracht, die dem Klerus am verhasstesten war. Uns erscheinen heute die Gaukler als Symbolfiguren für das mittelalterliche Künstlertum schlechthin. Den Kirchenleuten konnte man die Darstellungen natürlich anders verkaufen: als Symbole für die teuflische Verführung, die überall lauerte und die es stets im Auge zu behalten galt.

Gauklerkarrieren

Der Esel, der Hund, die Katze und der Hahn – die vier Tiere im Grimm'schen Märchen stehen als Symbol für die fahrenden Spielleute. Jeder kennt sie. Von ihren Herren fortgejagt, müssen sie schauen, wie sie auf der Straße überleben. Also werden sie Musiker, viel anderes bleibt auch nicht. So wie es den singenden Vierbeinern in der alten Erzählung geht, so geschah es auch nicht wenigen Menschen im Mittelalter und den folgenden Jahrhunderten: Fortgeschickt (vom Landesherrn, vom Dienstherrn, vom Ehemann) und damit heimatlos, musste man schauen, wie man klarkam. Da lag

Oskar Herrfurth,
Die Bremer Stadtmusikanten, vor 1934

Augustus Edwin Mulready, Wandernde Spielleute, 1876

es nahe, sich der Unterhaltungsszene zuzuwenden. Allerdings war ein entsprechendes Talent nötig. Wer nichts konnte, hatte kein Publikum. Dann blieb nur das Betteln. Kreativität war also gefragt, wollte man erfolgreich sein. Es gab natürlich auch Gaukler, die in Gauklerfamilien hineingeboren worden waren. Manche Sippen zogen schon seit Generationen übers Land, vererbten ihre Utensilien und Instrumente an ihre Kinder.

Gauklerkinder hatten keine Wahl. Als Nachwuchs von rechtlosen Eltern geboren, stand ihnen nur ein Berufsweg offen: selbst Gaukler zu werden. Von Geburt auf das Tun der Eltern vor Augen, lernten sie schon früh das, was man ihnen vormachte. Und wie man auf der Straße überlebte. Allerdings waren nicht alle Mitglieder einer Gauklertruppe in selbige hineingeboren. Frisches Blut brachte zum einen die Verheiratung des Nachwuchses mit Mitgliedern anderer Reisegruppen. Zum anderen kam es immer wieder vor, dass sich Menschen spontan einer Gauklertruppe anschlossen, wenn sie hineinpassten und akzeptiert wurden. Wer aus der Stadt geworfen worden war, und die Ausweisung war damals eine oft angewendete Bestrafung für Taten, die man nicht gleich mit Gefängnis oder Galgen ahndete, irrte zunächst einmal alleine und schutzlos durch die Natur. Vor allem für Frauen war die Verbannung aus ihrem bisherigen Wohnort eine lebensgefährliche Sache. Es war dann schon ein Glücksfall, wenn Fahrende die Betroffene bei sich aufnahmen. Es wird auch überliefert, dass das eine oder andere unglückliche Adelsfräulein sich einer Gauklertruppe angeschlossen habe, um einer arrangierten Hochzeit mit einem ungeliebten Kandidaten der Eltern zu entgehen. Adelige Damen hatten zumeist eine musikalische Erziehung hinter sich und viele beherrschten ein Instrument. Allerdings war diese Art der Neue-Künstler-Gewinnung für die Gruppe mit einem gewissen Risiko behaftet, denn entlaufenen Bräuten schickte man meistens Suchtrupps hinterher, und die waren nicht pingelig mit rechtlosen »Entführern«. Anders verhielt es sich mit Juden, die sich Künstlertruppen anschlossen. Es kam im Mittelalter nicht selten vor, dass mitteleuropäische Städte jüdische Mitbürger auswiesen. Manche Historiker vermuten, dass der erkennbar große Anteil aus dem Hebräischen stammender Wörter in der Gauklersprache, dem Rotwelschen, auf jüdische Fahrende zurückzuführen sein muss. Allerdings sollte man meinen, dass die jüdischen Gaukler dann doch eher jiddische Worte mit eingebracht haben. Denn Jiddisch war deren Umgangssprache. Zurück zu den adeligen Damen: Es wird von einigen Adelstöchtern berichtet, dass sie freiwillige Armut dem Leben am Hof vorzogen. Nach dem Motto »Reichtum ist Sünde und kann Gott nicht gefallen«. Da blieb ihnen dann entweder der Beginen-Orden, wenn einer in der Nähe war, oder der Anschluss an die Fahrenden.

Das tägliche Brot

Wovon ernährten sich die Menschen, die auf den Straßen unterwegs waren? Vom Beerensammeln im Wald kann keiner auf Dauer leben. Und mit dem Jagen war das auch so eine Sache: Einerseits benötigte man dazu entsprechendes Gerät und auch Zeit, andererseits war das Jagen in Wald und Feld den Grundbesitzern vorbehalten. Alles andere war Wilderei, die hart bestraft wurde. Man musste also vorsichtig sein, wenn man den Bauern aus schierer Not das Gemüse vom Feld klaute.

Zwar existierten Raststätten an den häufig frequentierten Straßen, die ähnlich wie heutige Imbissbuden funktionierten.

Allerdings war das Netz nicht so eng, dass sich alle Fahrenden jederzeit mit fertiger Nahrung versorgen konnten. Was meistens blieb, waren Gerichte aus gebratenen Eicheln, Wildfrüchten, Pilzen, Kleintieren wie Singvögeln oder Igeln, Kräutersuppen (zum

Meister des Hausbuches, *Der Dudelsackspieler*

Beispiel aus Brennnesseln). Zwar gab es auf den Märkten lebende Tiere zu kaufen, die man theoretisch hätte mitführen können. Jedoch war dies zu risikoreich. Die Straßen waren zu unsicher.

Die Straßenverhältnisse waren miserabel. Regnete es stark, versank man im Morast. Flussüberquerungen waren ganz besondere Abenteuer. Brücken gab es wenige, man war auf Fährleute angewiesen.

Stundenbuch von Maastricht, Musizierender Mönch und tanzende Nonne, 14. Jahrhundert

Wie ging es den Reisenden gesundheitlich? Während man sich unterwegs zumeist nur karg ernährte, schlugen viele sich in den Städten, wo sie gastierten, gerne die Bäuche voll. Dann wurde das Geld, das man zuvor mit seiner Darbietung verdient hatte, auch schon wieder ausgegeben – für eine Fleischmahlzeit, dazu Bier oder Wein. Die Ernährung war demnach unregelmäßig. Und das Reisen kostete Kraft. Nicht nur, dass man täglich eine mitunter lange Wegstrecke zurückzulegen hatte, es musste auch geprobt und trainiert werden. Tiere, die mit den Fahrenden unterwegs waren, dienten zum Transport, zum Schutz oder waren quasi selber Akrobaten als Teil der Aufführung. Hunde hatten die Aufgabe, das Nachtlager zu bewachen und einem wenn möglich Aggressoren vom Leib zu halten. Überfallen zu werden war eines der größten Probleme, denen man ausgeliefert war. Große Räuberbanden wie auch kleine Gruppen wilden Gesindels konnten überall in der freien Natur lauern. Wer fahrende Spielleute ausraubte oder tötete, musste nicht mit Strafe rechnen. Die Justiz interessierte sich nicht für die Rechtlosen, warum auch? Wo kein Kläger war, war kein Richter und auch kein Anwalt. Als Dach über dem Kopf boten sich Heuschober an oder Ställe auf den Weiden. Die Herbergen am Straßenrand waren meistens in einem hygienisch schlechten Zustand. Die Zimmer waren verdreckt und es roch unangenehm. Das Bettstroh, auf dem man schlief, teilten sich die Gäste mit zahllosem Ungeziefer. Über ihr Seelenheil brauchten sich die Spielleute kaum Gedanken zu machen. In den meisten Kirchen wurde ihnen die Teilnahme am Abendmahl verweigert. Nach damaliger Auffassung war diese jedoch unabdingbar, wollte man nach dem Ableben in den Himmel kommen. Es gab auch hin und wieder ehemalige Geistliche, die als Spielleute umherreisten. Jene arbeitslos gewordenen Pfarrer oder aus dem Kloster geflohene Mönche nannte man Lotterpfaffen. Für ihre ehemaligen Kollegen waren sie »Langhaarige«, denn sie hatten sich die Tonsuren zuwachsen lassen. Eine Spezialität im Repertoire ihrer Unterhaltungskunst war das Erzählen von Heiligenlegenden, was bei der einfachen Landbevölkerung Eindruck machte. Gerne nahmen sie das Angebot zur Übernachtung auf den Bauernhöfen an, wenn der Hausherr und seine Familie sich ein paar erbauliche Bibelgeschichten für den Abend und einen Segensspruch zum Abschied erhofften. Nicht alle Kirchenmänner, die sich auf der Reise befanden, waren »Ehemalige«, man konnte durchaus auch auf echte asketische Wandermönche treffen, deren Frömmigkeit und Heimatlosigkeit ein gewolltes religiöses Handeln waren. Aber auch sie freuten sich durchaus über eine warme Mahlzeit und ein Bett und waren zur Gegenleistung in Form von erzählten Geschichten und Segnungen bereit. Dabei kamen die Sesshaften der kirchlichen Forderung nach Mildtätigkeit nach. Wer den mittellosen Predigern etwas gab, sorgte für das Heil seiner Seele und ein Auskommen des Empfangenden.

Zwei Sorten Narren

Unterhaltungskünstler, die nicht unter freiem Himmel schlafen mussten, waren zwar zahlenmäßig in der Minderheit – sie spielten dennoch wichtige Rollen.

Im Mittelalter kannte man zwei Arten von Narren. Unter Stocknarren verstand man natürliche Narren, die nicht anders konnten, als so zu sein, wie sie waren. Schalksnarren waren diejenigen, die aus Berufsgründen ihr Närrischsein nur vortäuschten. Aus christlicher Sicht waren Narren verblendet und sündhaft, dem Teufel näher als dem Himmel. Man hielt die Narren für Gottesleugner. Wie die Narren damals ausgesehen haben, zeigen uns schon frühe Buchmalereien.

Man erkennt das typische Schellengewand, die Narrenkappe und die Marotte. Die Marotte steht für das königliche Zepter, denn der Narr ist der wichtigste sichtbare Vertreter der Gegenwelt. Deshalb ist sie auch oft mit einer Darstellung seines Kopfes an der Spitze geschmückt. Auch die Mäntel der Kaiser waren zuweilen mit Glöckchen geschmückt. Die Narrenkappe mit den markanten Eselsohren ist der optische Gegenpol zur Krone des Königs. Der Hahnenkamm auf dem Scheitel symbolisiert Eitelkeit, Überheblichkeit, Triebhaftigkeit. Die hängenden Oh-

Jost Amman, Der Stocknarr, 1568

Jost Amman, Der Schalcksnarr, 1568

ren stehen für Dummheit und geistige Unbeweglichkeit. Dem Hofnarren wurden oft weitere Attribute aus der Tierwelt beigegeben. Ein Affe zum Beispiel, der für schlechtes Benehmen steht. Oder eine Kröte. Mit der Form der Schnabelschuhe übertritt der Narr die Kleidungsvorschriften, die zu jener Zeit galten. Die spitze Form stand zudem für die frontale Vorgehensweise, die manchen Narren zu eigen war. Dass der Hofnarr Ordnungen missachtete und Gegensätze offenlegte, wurde auch in seinem Gewand zur Schau gestellt, das vielfach zweigeteilt war. Mit dem Tragen eines Narrenordens parodierte der Narr königliche Auszeichnungen, mit denen eitle Menschen sich ansonsten gerne aufwerteten. Einerseits symbolisierte der Hofnarr den Antitypus des Königs, von dem man erwartete, dass er gerecht und klug war, andererseits sollte er den Herrscher aber auch daran erinnern, wie dieser nicht zu sein hatte: närrisch, selbstbezogen, dumm. Älteste Hofnarren in bildlicher Darstellung finden sich heute noch aus dem zwölften Jahrhundert.

So mancher Hofnarr brachte es zur Berühmtheit. Kunz von der Rosen (1470 bis 1519) war nicht nur für die Belustigung des deutschen Königs und späteren Kaisers Maximilian I. zuständig, sondern auch dessen Berater. Im Jahre 1488, als der König in Brügge gefangen gehalten wurde, verkleidete er sich als Priester und besuchte ihn in der Haft, um mit ihm die Kleider zu tauschen und ihm so zur Flucht zu verhelfen (was der König ablehnte). Kunz von der Rosen ist der Prototyp des Narren, der durch seine Späße zum Nachdenken anregen wollte. Über ihn wurden Theaterstücke und Gedichte geschrieben, neben anderen Autoren nahm sich auch Heinrich Heine seiner an. Ein Porträt des Narren, eine Radierung von Daniel Hopfer, wurde lange Zeit für das Bildnis des Seeräubers Klaus Störtebeker gehalten. Er liegt in der St.-Anna-Kirche in Augsburg begraben.

Daniel Hopfer, Kunz von der Rosen, um 1515

Der Hofnarr des österreichischen Herzogs Leopold I., Kuony von Stocken, warnte im 14. Jahrhundert davor, die Schweiz zu überfallen. In der Schlacht am Morgarten wurden die Österreicher vernichtend geschlagen und der Herzog bereute es sehr, nicht dem Rat des Narren gefolgt zu sein. Ihm wurde daraufhin gewährt, künftig in seiner Heimatstadt Stockach ein Narrengericht halten zu dürfen. In der schwäbisch-alemannischen Fastnacht spielt der mittelalterliche Hofnarr auch heute noch eine Rolle. Beim alljährlichen Stockacher Narrengericht tritt er im schwarz-roten Narrenkostüm auf. Ihm zu Ehren wurde ein Brunnen errichtet, auf dem man seinen weisen Rat an den Herzog nachlesen kann.

Clemens Pankert, genannt Perkeo (1702 bis circa 1780) war ein kleinwüchsiger Hofzwerg, später Hofmeister und Mundschenk in Heidelberg. Er stammte aus dem heutigen Südtirol und wurde als 14-Jähriger als Kuriosität an den Heidelberger Hof geholt. In Heidelberg befand sich das mit fast 222.000 Litern Fassungsvermögen größte mit Wein gefüllte Fass der Welt und Perkeo hatte die Aufgabe, den Inhalt zu überwachen. Von ihm hieß es, dass er täglich 20 bis 30 Liter Wein getrunken habe. Sein Name leitete sich vom italienischen »perché no?« – »warum nicht?« ab. Als er mit Ende 70 erstmals in seinem Leben krank wurde, riet

Johann Georg Dathan, Hofnarr Clemens Perkeo, um 1725

Aus der Tschachtlanchronik, Die Schlacht am Morgarten, 1470

ihm der behandelnde Arzt vom Weinkonsum ab. Perkeo trank zum ersten Mal in seinem Leben Wasser und war am nächsten Tag tot. Auch Perkeo ist heute eine Figur der Fastnacht; Tafeln im Heidelberger Schloss berichten von seinen Streichen. Das Denkmal, das man ihm zu Ehren an die Wand neben dem Fass aufstellte, hatte er selbst entworfen. In der Altstadt von Heidelberg wurde ein Gasthaus nach ihm benannt, ebenso eine Efeu-Sorte und ein Neutronen-Zerfall-Experiment.

Von Claus von Rannstedt ist überliefert, dass er ein missgebildetes Gesicht hatte – eine vorstehende Unterlippe, einen schiefen Mund und schielende Augen. Der Dichter Hans Sachs schrieb über ihn und ein Volksbuch enthielt mehr als 600 Geschichten, die dafür sorgten, dass man seinen Namen im ganzen Land kannte. In seiner Holzschnittfolge »Der Triumph Maximilians« von 1519 stellt uns der Künstler Hans Burgkmair den kaiserlichen Hof mitsamt seinen zwei Narrengruppierungen vor: den Schalksnarren und den natürlichen Narren. Der Unterschied ist deutlich; die Schalksnarren sitzen in einem Prachtwagen, den Pferde ziehen. Ihre geistig gestörten Kollegen hocken auf einem Holzgefährt, vor das man Esel gespannt hat. Eine weitere Darstellung eines Hofnarren liefert uns der Zyklus »Bilder des Todes« von Hans Holbein dem Jüngeren von 1526. Hier greift der Tod in der Gestalt eines Narren nach der Königin.

Hans Lautensack, Der Narr Claus, 1530

Das Narrenleben war mitunter sehr gefährlich, denn man war der Willkür seiner Herren voll und ganz ausgeliefert. Manche, die sich Narren hielten, steckten mehrere von ihnen in einen Käfig und ließen sie zur allgemeinen Belustigung ge-

Hans Baldung, Till Eulenspiegel, 1515

Auguste Toulmouche, Der Kuss, ca. 1870

geneinander kämpfen. Andererseits hatte man als Narr ein gesichertes Leben und erhielt durchaus auch Beifall. Natürlich immer vorausgesetzt, dass man es nicht zu bunt trieb. Gute Chancen hatten auch diejenigen, die ein Instrument beherrschten.

Für die Narren galt eine gewisse Freizügigkeit. Ihnen wurde aufgrund ihrer Funktionen mehr nachgesehen als dem Durchschnittsmenschen. An den Höfen gab es oft kleinwüchsige Narren, die man verspotten durfte und von denen man sich auch im Gegenzug verspotten ließ. Allerdings barg der Spott für die Hofnarren immer Gefahren. So wurde der Minnesänger Luke de Borra in England hart bestraft, weil er König Henry I. verspottet hatte. Man riss ihm die Augen aus, er starb an den Verletzungen.

Ein bekannter Narr war der Schotte Archie Armstrong. Sein Stilmittel war unanständiges Schimpfen. König James I. gewährte ihm ein Monopol für die Herstellung besonderer Tonpfeifen, was ihm großen Reichtum einbrachte.

Narren gehörten zu den Königen. Viele Skulpturen an mittelalterlichen Gebäuden zeigen uns heute noch Hofnarren im direkten Umfeld von Kaisern und Königen. Eine Skulpturengruppe am Erker des Hauses »Zum goldenen Dachl« in Innsbruck etwa lässt den Hofnarren auf der rechten Seite Kaiser Maximilians sitzen. Die rechte Seite war die »bessere«, der Kanzler sitzt auf der linken. Hier die Politik, dort das Narrentum in einer Welt, die polar dachte und gerne Schwarz-Weiß-Schablonen verwendete.

Der berühmteste aller Narren, Till Eulenspiegel, war ein Schalksnarr. Er soll um das Jahr 1300 in Kneitlingen am Elm geboren und 1350 in Mölln gestorben sein. Allerdings ist es fraglich, ob es sich bei »Dyl Ulenspiegel«, dessen Abenteuer Anfang des 16. Jahrhunderts erstmalig gedruckt wurden, um eine historische Person handelt. Für Till Eulenspiegel typisch war, dass er so ziemlich alles, was man ihm sagte, wörtlich nahm. Damit deckte er die Unzulänglichkeiten und Missstände der mittelalterlichen Gesellschaft auf. Auch bei ihm ging es in erster Linie darum, seinen Mitmenschen den Spiegel vorzuhalten.

Till Eulenspiegel wurde schon früh zum Mythos, der die Menschen faszinierte. Im Gegensatz zu den meisten seiner Mitmenschen setzte er sich über jegliche Schranken und Beschränkungen hinweg. Besonders beeindruckend an der Person des Eulenspiegel war die Tatsache, dass er zwar oft Spott über sich ergehen lassen musste, sich von Missgeschicken jedoch nicht unterkriegen ließ und wenn ihm jemand übel mitgespielt hatte, er es ihm so heimzahlte, dass der andere daraus lernen konnte. Till Eulenspiegel vermittelte, lustig und geschickt, das positive Bild eines Schelms, auf dessen Seite das Publikum war. Es wurde deutlich, dass er die Rolle des Narren spielte. Seine Narrheit ist nur Schein. Tatsächlich ist Eulenspiegel der Weise, der unter der Maske des Narren die Wahrheit sagt. Später, bei Shakespeare, tauchten die weisen Narren in der Eulenspiegeltradition immer wieder auf. Hier begegnen uns auch Clowns in verschiedener Gestalt: der wehrlose Clown, der den Scherzen der anderen ausgeliefert ist und über den man lacht, genauso wie der gewitzte in der Eulenspiegel'schen Tradition oder der Einfältige.

So traurig es auch heute erscheint, aber im Mittelalter machte man sich gerne über Menschen mit Behinderungen lustig. Wer aus dem Rahmen fiel, hatte mit offenem Spott und Hohn zu rechnen. Hofnarren waren oft sehr kleinwüchsig oder buckelig.

Das typische Verhältnis zwischen Narr und König hat sich über die Jahrhunderte in anderer Ausprägung erhalten. Vom Zirkus her kennen wir alle den dummen, vermeintlich tölpeligen August, der im Gegensatz steht zum schick gekleideten Weiß-

Thomas Cecil, Archee, the kinges lester, 1630–1640

Jacob Cornelisz van Oostsanen, Der lachende Narr, um 1500

links: Diego Velázquez, Sebastián de Morra, um 1545

clown. Der eine verkörpert offensichtlich Logik und Vernunft, Kopf und Verstand. Der andere steht für ein eher simples Denken und Handeln, das den anderen aber immer wieder verblüfft und zu Erkenntnissen kommen lässt. Wenn in der Antike, bei den Römern wie bei den Griechen gleichermaßen, ein großes Fest gefeiert wurde, hielt man sich zur Belustigung der Gäste einen Spaßmacher, den man hemmungslos verspotten konnte, Zwerge oft, oder auch körperlich anders Gestaltete. Tatsächlich aber ist diese Tradition noch älter. Schon auf altägyptischen Darstellungen finden sich auffällig gewachsene Mitläufer im Gefolge vornehmer Familien. Menschen fühlen sich selbst erhöht, wenn andere erniedrigt werden. Gleichsam fasziniert die Nähe von Wahnsinn und Genie. An den mittelalterlichen Höfen genossen die natürlichen Narren Narrenfreiheit. Egal, was sie sagten oder taten, man zog sie nicht zur Rechenschaft. Sie sorgten für Belustigung und waren durch ihre auffällige, besondere Tracht für jeden als Narren erkennbar. Die Könige besaßen ein enormes Gefolge, zu denen auch eine Menagerie gehörte. Mit allerlei Tieren und eben auch verwachsenen oder verkrüppelten Menschen. Deren Position in der Rangordnung war bei den Hunden, Affen und Greifvögeln anzusiedeln. Die Gemälde von Velázquez zeigen uns heute noch diese Bedauernswerten, die durch ihr Äußeres schon von Abgrenzung betroffen waren und durch die völlige Aufgabe ihrer Persönlichkeit sich selbst zu opfern hatten. Die künstlichen Narren erkannten natürlich auch die Privilegien, die ein gut ernährtes, gewärmtes und körperlich geschütztes Leben bei Hofe mit sich brachte. Sie spielten den Wahnsinn zunächst nur vor, später schufen sie dann einen eigenständigen Narrentypus neben der Schar der natürlichen Narren. Die künstlichen Narren mussten verschiedene Qualitäten besitzen. Es war zunächst wichtig, ein guter Schauspieler zu sein. Dann musste man natürlich einen Sinn für das Witzige und Komische haben. Beobachtungsgabe und pantomimisches Geschick waren vonnöten und natürlich ein Gespür für das, was die Mitwelt hören und sehen wollte. Idealerweise konnte der Hofnarr singen, tanzen und ein Instrument spielen. Hauptqualität war aber die sofortige Abrufbarkeit, er musste seinen Herrn auf Befehl zum Lachen bringen, standby nennt man das in der heutigen Comedysprache. Anspruchsvolle Herrscher hielten bald schon Ausschau nach Branchenprofis, von denen erwartet wurde, dass sie sich offen und freimütig äußerten, deren Gesprochenes aber durchaus nicht nur mehr der Unterhaltung dienen sollte, sondern als Rat bei Entscheidungen gefragt war. Dies bedingte eine ständige Nähe des Narren zu seinem Arbeitgeber wie auch die Notwendigkeit, dass man über politische und gesellschaftliche Zustände und Entwicklungen immer auf dem aktuellen Stand der Dinge war. Da es viele Hofnarren zu engen Vertrauten des Herrschers brachten, denn anders als die offiziellen Berater genoss der Narr das Privileg, dass man ja von ihm erwartete, dass er kein Blatt vor den Mund nahm, wurden sie auch vom Hofstaat beneidet und nicht selten auch gefürchtet. Dass König und Narr ein Paar waren, zeigte sich auch in der meist teuren Kleidung des Hofnarren. Der Hofnarr war das Spiegelbild seines Herrn und hatte damit, im positiven Fall, eine ausgleichende Funktion. Und um wirklich Sinnvolles zu leisten, war die Haupteigenschaft des Hofnarren eines: hohe Intelligenz.

Hieronymus Bosch, Das Narrenschiff, 1494–1510

Die Reise im Narrenschiff

So ziemlich jede europäische Kultur kennt ihre Narrenfeste. Sie entstammen antiken Bräuchen. Zwischen Weihnachten und Neujahr feierte man im Mittelalter ein »Fest der Dummen«, an dem besonders in Frankreich auch zahlreiche junge Geistliche teilnahmen. Ihr Spezialgebiet war die Parodie der Gottesdienste und biblischer Szenen. Bei der Fete des Fous durften die Narren jeden durch den Kakao ziehen. Dieses Narrenfest stand in der Tradition der römischen Saturnalien, bei denen die Sklaven für einen Tag völlige Narrenfreiheit besaßen. Im Karneval ermöglichen seit dem Mittelalter Narrenmasken und -kostüme, dass man sich für einen kurzen Zeitraum aus dem Alltag ausklinken und ungestraft in eine Rolle schlüpfen kann, die man ansonsten nicht spielt.

Närrische Kirchenfeste

Bei aller offenen Ablehnung, die die Kirche im Mittelalter dem Narrentum entgegenbrachte, mag es uns heute überraschen, dass auch die Kirchenleute närrische Feste feierten. In vielen Kirchen geschah es, dass in den Wochen nach dem Weihnachtsfest untere Kleriker für eine kurze Zeit Rang und Privilegien der höheren Geistlichkeit übernahmen und dabei kirchliche Rituale parodieren durften. Es gab Pseudopäpste und Kinderbischöfe und die Bürger der Städte nahmen an den Umzügen der Kirchenleute teil. Allerdings hatten jene dann kaum Verständnis für das Karnevalsfest zum Beginn der Fastenzeit, denn es trug dermaßen viele heidnische Züge, dass es Priestern angst und bange werden konnte. Oft genug wurden in diversen Städten per Ratsbeschluss »Mummerey und heidnische Tobung« verboten, natürlich erfolglos.

Da man den Ausschweifungen nichts entgegensetzen konnte, versuchte man zumindest, die Fastnacht als ein Abbild der civitas diaboli, des Teufelsstaates, darzustellen, um zumindest den Menschen auf diese Weise beibringen zu können, dass letztendlich alles vergänglich ist. Am Ende siegt Gott über das Teuflische, deshalb hat der Karneval am Aschermittwoch zu enden und die menschliche Umkehr zu beginnen. Ab dann wird gefastet. Vorher dürfen die Narren ihr Unwesen treiben. Etwa ab dem 14. Jahrhundert fand der Narr seinen Einzug in die Fastnacht, kirchlicherseits gerne als Symbol der Vergänglichkeit interpretiert. Heute regional unterschiedliche Begriffe wie Karneval, Fastnacht oder Fasching waren im Mittelalter noch nicht bekannt. In Köln verwendete man im Mittelalter den Begriff »Vastavent« für die Tage vor der offiziellen Fastenzeit.

Im späten Mittelalter herrschte eine verbreitete Zukunftsangst, die mit dem Ende der Welt und dem biblisch prophezeiten Jüngsten Gericht in Verbindung stand. Als Ursache für die Krisen wurden allgemein die Lasterhaftigkeit und Torheit der Menschheit angesehen. Der Narr stand dafür als Symbol und in einem schlechten Licht. Ab dem Jahre 1494 verbreitete sich das »Narrenschiff«, eine auf das Ende der Welt ausgerichtete Schrift von Sebastian Brant.

Unbekannter Künstler, Schembartlauf, 16. Jahrhundert

Unbekannter Künstler, Schembartlauf, 16. Jahrhundert

Der Autor kam im ausgehenden Mittelalter zur Welt. 1494 veröffentlichte er sein Buch. Das Narrenschiff ist in einzelnen Kapiteln verfasst, zu denen jeweils ein Holzschnitt gehört. Der Narr selbst verkörpert die menschlichen Schwächen und Laster, er wird immer wieder in Versuchung geführt und erliegt ihr. Brant hatte sein Werk geschrieben, um seine Leser zu ermahnen und zur Vernunft anzuleiten. Er wollte ihnen einen Spiegel vorhalten, in dem sie erkennen sollten, dass ihr Leben voller Sünde sei. Und Brant setzte Narrheit mit Sünde gleich. Der Narr ist der Repräsentant der Unwissenheit und der Dummheit. Erkennt sich der Leser unter den Narren wieder, besteht die Chance zur Reflexion. In Brants Narrenschiff sind die positiven Aspekte des Narrentums nirgends zu entdecken. Das Buch war eines der meistgelesenen der damaligen Zeit. Zum Erfolg trugen vor allem die Illustrationen bei, die es zu einem beliebten Bilderbuch machten. Vermutlich wurden die Holzschnitte von Albrecht Dürer in seinen jungen Jahren geschaffen. Brants Zeitgenosse Hieronymus Bosch griff das Narrenschiff-Thema in seinem berühmten gleichnamigen Bild auf. Die Narren, ein Mönch ist auch mit dabei, sitzen feiernd im gleichen Boot. Die Mondsichel auf der Flagge ist das Zeichen für die Rastlosigkeit, mit der die Toren durchs Leben treiben. Diverse Veröffentlichungen aus jener Zeit wie auch manche berühmte Bilder identifizieren und personifizieren den Narren als generell böse und vom Teufel beeinflusst. Gaukler, Musikanten und alle anderen Spielleute wurden in den gleichen Topf geworfen. Ihre Menschlichkeit, ihren Wert für Kultur und Gesellschaft übersah man dabei. Anfang des 16. Jahrhunderts erschien das »Lob der Torheit« von Erasmus von Rotterdam. Der niederländische Humanist schuf ein längst überfälliges positives Bild vom Narren. Er erkennt die schöpferischen Kräfte, die Fantasie. Für ihn sind die Narren zwar nach außen immer noch töricht, aber keinesfalls verdorben oder gar gefährlich. Er hebt den Spaß hervor und den unterhaltenden Aspekt des närrischen Agierens. Erasmus betont, dass Scherze und Lachen das menschliche Herz erfreuen. Statt den Narren die Sündenbockposition zuzuweisen, prangert er die Dünkelhaftigkeit der Stände, der Kirche und der Päpste an. Erasmus von Rotterdam stellt eine positive Verbindung zwischen Torheit und Narrentum und dem Christentum dar.

Sebastian Brant, Musiker aus dem Narrenschiff, 1494

Humor im Wandel der Zeit

Seit dem Jahre 1682 kennt die Menschheit das Wort Humor. Zumindest als Begriff für das Geschehen, das uns lachen, lächeln oder schmunzeln lässt. Das Ursprungswort selbst stammt aus dem Lateinischen und bedeutet »Feuchtigkeit«. In England erschien damals die Schrift eines Adeligen, der das Wort Humor in dem Sinne benutzte, den wir heute noch kennen. Öffentlicher Humor ist immer schon, da unterscheidet sich das Mittelalter nicht von der Antike und der Gegenwart, von bestimmten Gruppen festgelegt worden und war dadurch regional unterschiedlich. Während im alten Rom und bei den Griechen Philosophen und Rhetoriker Handbücher darüber verfassten, worüber öffentlich gelacht werden durfte, waren es

Lawrence Alma-Tadema, Die Weihe des Bacchus, 1889

im Mittelalter Mönche und andere Theologen, die Einfluss auf die Regeln nahmen. Heute kennen und benutzen wir das leicht abwertende Wort »skurril«. Es geht auf den »Scurra« zurück, den Spaßmacher der späten Antike und des Mittelalters. War er in der Antike noch geschätzt, begleitete ihn im Mittelalter der schlechte Ruf des Gauklers. Der einzige Spaßmacher, der eine höhere gesellschaftliche Stellung innehatte, war der Hofnarr. Die Frage, ob der mittelalterliche Humor anders als der heutige war, kann man nicht konkret beantworten. Er mag vielleicht derber gewesen sein, direkter. Manches, was schriftlich erhalten blieb, erscheint uns aus heutiger Sicht auch ordinär. Die Grenzen zwischen höfischem und volkstümlichem Humor waren damals fließend. Ein Hofnarr wurde bei Hofe im Mittelalter durchaus ernst genommen; er hatte durch seine umkehrenden Scherze, die die Machthaber lächerlich machten, die Funktion, Dinge aus einer anderen, gegensätzlichen Position zu betrachten, was Entscheidungen durchaus beeinflussen konnte. Zumindest forderten Aktionen der Hofnarren zum Überdenken auf, bevor endgültig entschieden wurde.

Humor ist eine variable Angelegenheit. Er ist abhängig von den Menschen, die ihn praktizieren, vom Ort, vom Publikum, von der Zeit.

Als im frühen Mittelalter in den Klöstern die ersten Mönchsregeln aufgestellt wurden, stellte man das Schweigen als eine fundamentale Tugend dar. Das Lachen stand dem verständlicherweise entgegen und war zu verdammen. Ab dem zehnten Jahrhundert, als sich das höfische Leben mehr und mehr entwickelte, begannen auch die Themen Satire und Parodie an den Adelshöfen immer größere Rollen zu spielen. In der volkstümlichen Kultur waren Lachen und Witz ein Hauptmerkmal. Sie stellten Gegenpole dar zur Kultur der Kirche und der Gebildeten, die eher dunkel und ernsthaft war, für viele Menschen auch furchterregend und selbst furchtsam. Als ein wichtiger Fixpunkt im Jahreskreis war der Karneval von vielen Einschränkungen frei. Er hatte seine Ursprünge in den antiken Saturnalia und Bacchanalia. Endes des 13. Jahrhunderts begann sich der Karneval in den Städten zu entwickeln. Auch viele Priester machten mit. Da man glaubte, dass die Mehrheit des einfachen Volkes in der Hölle landen würde, war das Lachen ein Gegenpol zur Furcht, zur Zukunftsangst. Freude und Lachen waren in der Lage, ein psychologisches Gleichgewicht ins Leben der Menschen zu bringen. Wenn man die damalige Volkskultur verstehen will, sollte man Freude und Furcht als zwei Pole einer untrennbaren Einheit betrachten. Im Karneval kehrte sich die Wirklichkeit um, für einige Tage wurde die gesellschaftliche und religiöse Ordnung auf den Kopf gestellt.

Das Kreuz mit der Kirche

In Italien gab es verschiedene Namen für Gaukler und speziell die Spaßmacher unter ihnen: Beffardo, Beffatore, Buffone, Burlona, Giucatore, Scherzatore. Manchmal waren religiöse Themen die Objekte von Witzen. In Italien störte sich niemand daran, wenn sich im Karneval sogar Mönche als Nonnen (und umgekehrt) verkleideten. An manchen Adelshöfen fungierten gar Priester als Spaßmacher. Wo waren die Grenzen? Meist da, wo das Komische in ernsthaften Betrug überging oder gar in Aggression. Dass Witze oft beleidigend waren beziehungsweise dass Beleidigungen gezielt in Witze verkleidet wurden, war man gewohnt, auch die Kirchenvertreter, die selbst oft das Ziel von Spott und Parodie waren.

Kirchenmänner hielten das Gauklertum für heidnisch. Für sie war klar, dass der Teufel hier seine Finger im Spiel hatte, um die Menschen mit Musik und Tanz vom ehrbaren Pfad der Tugend abzubringen. Die Spielleute selbst scherten sich um diese Meinung recht wenig, denn sie glaubten ja selbst, dass das Himmelreich, so wie es die Christen präsentierten, für sie verschlossen blieb. Wie ernst es der Kirche mit ihrem Vorgehen gegen die Spielleute war, zeigt sich auch darin, dass sie die studierten Theologen, die es nicht in ein geistliches Amt ge-

Jean Fouquet, Der ferraresische Hofnarr Gonella, ca. 1445

schafft und sich um des Überlebens willen der fahrenden Lebensform angeschlossen hatten, mit in ihre Ausgrenzung eingeschlossen.

Kein Gauklernachwuchs durfte getauft werden, die Teilnahme an der Kommunion war untersagt und in geweihter Friedhofserde war für gestorbene Spielleute kein Platz. Kleriker, die sich nicht an die Verbote im Umgang mit den Gauklern hielten, mussten mit empfindlichen Strafen rechnen. Dass die Spielleute immer dabei sein mussten, wenn sich vermeintliche Hexen mit dem Teufel und seinen Gesellen trafen, war für die Priester und kirchlichen Gelehrten eine Tatsache. Wer sonst sollte ihnen zum Tanz aufspielen? Auch war es üblich, während der Hexenfolter den Betroffenen entsprechende Aussagen herauszupressen. Es war also für Spielmänner und Frauen immer angesagt,

Martin van Maële, Die Hexe, 1911

sich schnellstmöglich zu verabschieden, sollte ein kirchlicher Inquisitor in der Stadt sein. Verständlicherweise nannten die Gefolterten Namen oder Merkmale von Musikanten, die ihnen bekannt waren. Liest man über das Mittelalter, wird man meistens mit den Theologen der damaligen Zeit konfrontiert. Anscheinend mischten sich die Vertreter der Kirche überall in das menschliche Miteinander ein. In dem irrigen Glauben, den »lieben Gott« von Berufswegen auf ihrer Seite zu haben und deshalb über andere Menschen urteilen zu können, gaben die Priester zu allen Lebensbereichen ihren Senf dazu. Und dieser Senf schmeckte dem einfachen Volk oft bitter. Das Mittelalter war die Zeit, in der die Kirche die Abwendung von den Lehren ihrer Begründer vollzog und diejenigen die Oberhand gewannen, deren Lebensausrichtung nicht Nächstenliebe und Güte waren, sondern Macht und Hass auf das irdische Leben. Die Spielleute und Gaukler verkörperten Lebensfreude und Lust am Sein und Tun. Dadurch wurden sie als Gegenpol zur körper- und sinnenfeindlichen Einstellung der Kirchenleute schnell zur Zielgruppe, auf die man seinen (Selbst-)Hass richten konnte. Das Verhalten der Publikumsmehrheit wirkt im Rückblick schizophren. Einerseits wurden die Spielmänner und -frauen geliebt. Andererseits fürchtete man das Fremde an ihnen. Während der kurzen Zeit ihrer künstlerischen Aufführung war man den Gauklern zugetan. Danach wurden sie abgewiesen. Dem Dichter, der vor dem Kirchenportal seine Poesie vortrug, widmete man ein paar Minuten Aufmerksamkeit. Der Tanzmeister,

Unbekannter Künstler, Troubadoure, 14. Jahrhundert

der es schaffte, auf dem Marktplatz die jungen Leute zum Reigen zu führen, war nur so lange anerkannt, wie die Jugend und ihre Zuschauer Spaß hatten. Eine durchschnittliche Hochzeit kam ohne professionelle Erzähler und Sänger nicht aus, wenn man sie zu einem fröhlichen Ereignis machen wollte. Willkommen waren sie aber nur als Dienstleister in dem ihnen zugewiesenen Bereich.

Auf den großen Plätzen erschienen Kunstreiter mit ihren Pferden, Akrobaten tanzten auf ihren Händen, jonglierten und warfen mit Messern, schluckten Feuer. Die Zahl derjenigen, die berufsmäßig das Publikum unterhielten, war groß. Viele Begriffe sind uns heute aus den verschiedensten Sprachen erhalten: Histriones für die Instrumentalisten, Inventores für die Troubadoure, Joculatores für die Artisten auf dem Seil, in der Luft oder bei sonst welchen akrobatischen Kunststücken. In Frankreich verwendete man den Sammelbegriff Jongleurs etwa so umfassend, wie man bei uns das Wort Gaukler benutzt. Jonglars nannte man die Musiker in Spanien, die Possenspieler Re-

Codex Manesse, Otto IV. von Brandenburg, um 1300

mendadors und die Troubadoure Segriers. Straßenmusiker waren Cazuros. In der Lombardei war das meistbenutzte Wort Bouffon, wenn man von den Gauklern sprach. Dort sagte man Troubadour zu den Dichtern und Komponisten. Nicht jeder Musiker war auch gleichzeitig der Urheber seiner Kunst. Manche Lieder pflanzten sich innerhalb einer Gauklersippe von Generation zu Generation fort, andere waren allgemeines Volksgut, von denen die Spielleute wussten, dass die Zuhörer sie erwarteten und forderten. Die damaligen Musiker agierten nicht viel anders als heutige Coverbands, die ihr Repertoire der Zielgruppe entsprechend ausrichten. Natürlich verhielten sich die Dichterfürsten an den großen Höfen anders, von ihnen erwartete man Schöpfertum. Und die meisten von ihnen wären sicherlich empört gewesen, hätte man sie mit den gemeinen Gauklern in einen Topf geworfen, dennoch gehörten auch sie zur Unterhaltungsbranche der damaligen Zeit.

Die Theologen haben allerdings immer versucht, die Normen festzulegen. Und das bezog sich natürlich auch auf die gesungenen oder vorgetragenen Texte. Immer schön christlich bleiben war die Devise. Wer Heidnisches von sich gab, machte sich schnell verdächtig. Am besten, man verpackte seine Botschaften in eine symbolische Sprache, die nicht von jedem verstanden werden konnte. Ähnlich wie es auch die Maler, Bildhauer und Steinmetze taten. Bei den Priestern in den Dörfern und Kleinstädten handelte es sich meistens um relativ ungebildete Kirchenvertreter. In den Städten hatten allerdings Theologen mit einem wissenschaftlichen Hintergrund das Sagen, was die gesellschaftlichen Normen betraf. Ihre Anschauung basierte auf der konstruierten Weltsicht derjenigen, die wir heute als die frühen Kirchenväter kennen: etwa Hieronymus, Augustinus oder Johannes Chrisostomus.

Die großen Märkte in den Städten waren die Tummelplätze der unreinen Gewerbe. Dort sorgten die Gaukler für Kurzweil und Ablenkung. An jeder Ecke wurden Faxen gemacht. Kirchliche Bischöfe haben im Mittelalter und in den Jahrhunderten danach stets versucht, das Gauklertum zu verbieten, mindestens aber zu unterbinden. Ihnen war der Kontakt mit den Artisten unter Androhung sofortiger Exkommunikation strengstens verboten. Eine Person mag den Priestern dabei sicherlich ein ganz besonderer Dorn im Auge gewesen sein: der Roraffe. Diese symbolische Figur in einigen großen Kirchen galt als der In-

Unbekannter Künstler, Wasserkünstler, 17. Jahrhundert

begriff der Faulheit. Mancherorts gab es Gaukler, die sich Masken mit seinen Gesichtszügen schnitzen und es gar wagten, damit in den Kirchen aufzutauchen. Allerdings waren die Wirtshäuser der Städte die bevorzugten Aufenthaltsorte, wenn man nach den Aufführungen des Tages Hunger und Durst spürte. Auch wurden in den kleineren Orten und in Vorstädten gezielt bestimmte Gasthöfe angesteuert, die nicht selten auch zum Tummelplatz für Kräuterfrauen, Salbenkrämer und andere Quacksalber und deren Publikum wurden. Je weiter man von den Kirchen und ihrem Personal entfernt war, umso mehr ließ man dort einer Mischung aus Kräuterkunde und Magie freien Lauf. Klar, dass nach Ansicht der Kirchenobrigen hier der Teufel ganz besonders wütete und diejenigen, die über Kenntnisse verfügten, die nicht den kirchlichen und universitären Linien entsprachen, die Inquisition fürchten mussten. Kirchenleute sahen Kräutermagie und Gaukelei als verwandt an und damit nicht weit entfernt von der Hexerei. Im späten 15. Jahrhundert, als sich das Mittelalter dem Ende zuneigte, wurde die Hexenjagd offiziell eröffnet. Mitteleuropa befand sich zu diesem Zeitpunkt in diversen wirtschaftlichen Krisen, die verschiedene Ursachen hatten. Es war einfach, die Gaukler neben den Frauen und den Heilern zu Urhebern der Krisen abzustempeln. Narren waren plötzlich in Gefahr, denn ihr Handeln stand ja nach allgemeiner Auffassung jeglicher Vernunft entgegen.

Bedenkt man heute, dass die Spielleute ganz offiziell außerhalb des Christentums zu stehen hatten, wird verständlich, dass viele von ihnen sich anderen Bereichen zuwandten. Das, was vom antiken Wissen der Kelten und Germanen noch übrig war, existierte bei den Fahrenden weiter. Der Glaube an die keltische Anderswelt wurde in Geschichten über Feen und Elfen, die man sich abends am wärmenden Feuer erzählte, lebendig gehalten. Schamanische Rituale, Reste des einstmals in Europa blühenden Druidentums, vermischten sich mit christlichen Elementen, die von Seiten der reisenden Mönche in die Welt der Fahrenden mit eingebracht wurden. Kräuterweiblein und Hebammen, zumeist außerhalb der dörflichen Ansiedlungen wohnend, gaben ihr Wissen zuweilen an heilerisch begabte Spielleute weiter. Wenn auch das Quacksalbertum ein nicht unwesentlicher Geschäftszweig innerhalb der Branche war, so wird es auch unter den Gauklern solche gegeben haben, die tatsächlich Positives für die Gesundheit ihrer Mitmenschen leisten konnten – sei es für die Mitglieder des eigenen Clans wie auch für zahlende Kundschaft. Die Tradition des Handauflegens, in der Antike eine Domäne der keltischen Druiden, wurde in manchen Familien gepflegt und von Generation zu Generation weitergegeben.

Unter Dächern, hinter Mauern

Die Menschen im Mittelalter waren sehr spielfreudig. Seit der Römerzeit hatten sich Würfel- und Brettspiele erhalten. Dame, Mühle, Backgammon oder Schach wurden damals schon in der Form gespielt, wie wir sie heute noch kennen. Ein Ritter, der etwas auf sich hielt, war selbstverständlich auch ein guter Schachspieler. Figuren und Schachbretter stellte man aus wertvollem Material her, zum Beispiel aus Bergkristall oder Elfenbein. Kartenspiele kamen zu Beginn des 13. Jahrhunderts aus dem fernen Orient nach Europa. Als besonders beliebt erwiesen sich dabei Karten, bei denen jene mit der Teufelsfigur als Motiv den höheren Wert besaß als die Karte mit der Papstfigur.

Im zwölften Jahrhundert wurde ein Wettbewerb erfunden, der schnell viele Freunde fand: das Kegeln. Die ersten Kegelclubs sind seit dem Jahre 1265 schriftlich belegt. Auch gab es neben diversen Ballspielen einen Vorläufer des Tennis, der hinter Klostermauern erfunden worden war. 1451 fand das erste Tennisturnier statt, auf einem Friedhof. Das erste überlieferte prominente Todesopfer im Sport ist der Habsburger Philipp der Schöne (geboren 1478), der mit 28 Jahren nach einem Tennisturnier, bei dem er sich völlig verausgabt hatte, in Spanien starb.

Auch wenn es uns heute romantisch erscheint, war das Leben auf einer Burg oft trist, manchmal auch gefährlich, fast immer jedoch zugig und kalt. Jedenfalls wohnte man in den Städten

Wilhelm Werner von Zimmern, Der gute Mönch, um 1540

komfortabler und vor allem bequemer. Obwohl die Adeligen die Privilegierten der mittelalterlichen Gesellschaft waren, saßen sie meistens hinter dicken, kalten Steinmauern. Für sie war es nicht möglich, mal eben für ein paar Wellness-Stunden im Badehaus zu verschwinden. Während es sich die reicheren Bürger am wärmenden Kachelofen bequem machten, saßen die Von-und-zu in großen Räumen mit offenen Kaminen, wo es nicht selten zur Verqualmung kam. Auch war das Leben eines Ritters nicht unbedingt das, was uns Hollywood und Co. als solches präsentieren. Ritter waren nur in den seltensten Fällen wirklich ritterlich. Sie waren von klein auf dazu erzogen worden, andere Menschen zu töten. Große Schlachten überließ man zwar dem Fußvolk, wenn es aber darum ging, feindliche Dörfer zu verwüsteten, waren manche Ritter ziemlich aktiv. Ritterliches Pflichtprogramm war die Teilnahme an Turnieren. Manches Turnier war eine Riesenveranstaltung mit mehreren tausend Rittern, die zum Kampf Mann gegen Mann antraten, was oft mit dem Tod eines Kämpfers endete. Die Turniere hatten die Tafelrunde von König Artus zum Vorbild, der im Mittelalter ein Romanheld war und dem man nachzueifern versuchte. Man versuchte den Ritterstand zu idealisieren – der Ritter in geheimer Mission für das Gute, Frauen, Kinder, Alte und Schwache schützend. Es war eine der höchsten Pflichten, dass der Ritter die Frauen ehrte. Selbstverständlich konnte, wer etwas auf sich hielt, romantische Gedichte rezitieren und auf Französisch parlieren. Auch tanzen musste ein Ritter können, allerdings ohne scheppernde Metallrüstung. Wenn wir uns heute den edlen Ritter vorstellen, der schmachtende Verse an eine verheiratete, unerreichbare Frau richtet, liegen wir mit unserer Vorstellung gar nicht so falsch. Ritter von der traurigen Gestalt wie Miguel de Cervantes' Don Quichote gab es tatsächlich damals.

Keine mittelalterliche Burg ohne Spielleute und keine Spielleute ohne Burg als vornehmstes Ziel. Für adelige Höfe gehörte es

Codex Manesse, Albrecht von Rapperswil, um 1300

Codex Manesse, Herr Walter von Klingen, um 1300

dazu, nicht nur durch aufwendige Kleidung zu protzen, sondern auch akustisch auf sich aufmerksam zu machen. Einerseits konnte man nicht auf Pauken und Trompeten verzichten, wenn man sich in die Öffentlichkeit begab. Andererseits sorgten die Spielleute und Gaukler bei höfischen Veranstaltungen, wie etwa bei einem großen Gastmahl, einer Jagdgesellschaft oder einem Turnier, für das Rahmenprogramm und die Untermalung. Großen Wert legten die Arbeitgeber dabei nicht nur auf künstlerische Klasse, sondern auch auf ein entsprechendes Benehmen. Prolliges Verhalten war logischerweise nicht gefragt. Wer gut war, wer etwas konnte, wer sich der höfischen Etikette entsprechend aufführen konnte und seinem Herrn gegenüber solidarisch war, der konnte durchaus mit einer gut bezahlten Festanstellung rechnen und hatte fortan ein festes Dach über dem Kopf. Viele ehemalige Fahrende bewiesen ihren Wert nicht nur als Spielleute, sondern auch als Hauslehrer für Gesang und Instrumentalspiel, als Sonderboten oder auch als Beobachter und Informant, wenn es um innerhöfische Dinge ging. Wer nicht am Hof blieb, freute sich natürlich über eine schriftliche Empfehlung oder ein Begleitschreiben eines adeligen Gönners, das seine Karriere deutlich fördern konnte. Wenn man dann noch die Erlaubnis erhielt, das Wappen der Familie zu tragen, für die man aktiv war, dann brauchte man sich kaum noch Sorgen um eine Beschäftigung auf den Burgen zu machen, die auf dem weiteren Weg lagen.

Ein anderer Weg, das Fahrertum ganz aufgeben zu können, war eine Beschäftigung in der Stadt. Dabei war Flexibilität gefragt, denn das freie Leben wurde nun eingetauscht gegen Normen und Vorschriften, bot jedoch auch hier die Vorzüge schützender Mauern und Dächer. Viele Städte schufen Ghettos für Gaukler und Musikanten, dort waren sie überschau- und kontrollierbar. Im manchen Altstädten findet sich heute noch ab und zu der Name »Trompetergasse« oder eine ähnliche örtliche Bezeichnung. Dort siedelte man auch die Prostituierten an und die Angehörigen anderer unehrlicher Berufe wie Totengräber, Abdecker oder Scharfrichter. Zu tun gab es genug. Auf den Türmen der Stadtmauern

Albrecht Dürer, Trommler und Pfeifer, ca. 1504

und Rathäuser bliesen die Turmbläser die Zeit an, gaben sie Alarm bei Bränden oder wenn Gäste oder Feinde im Anzug waren. Manchmal fungierten sie gleichzeitig als Nachtwächter. Die Ratsmitglieder der reicher werdenden Städte wussten natürlich auch, dass der Adel auf Musik und Gauklertum aus Prestigegründen setzte, und man folgte diesen Vorbildern, indem man sich eigene Spielleute hielt. Bald schon wurden sogenannte Stadtpfeifereien gegründet, feste Kapellen, die vertraglich zur Untermalung öffentlicher Veranstaltungen verpflichtet waren. Stadtpfeifer erfreuten sich vieler Privilegien - sie erhielten nicht nur Festgehälter, sondern oft auch Dienstwohnungen inklusive Kleidung, Brennholz und anderen Dingen, die das Leben angenehmer machten. Dass Stadtmusikanten und Fahrende Konkurrenten waren, ist verständlich. Die städtischen Spielleute ließen sich deshalb gerne neben ihrer offiziellen Tätigkeit die besten Spielorte in der Stadt vertraglich sichern, wo dann kein auswärtiger Spielmann geduldet wurde.

Hans Holbein der Jüngere, Musiker auf einem Balkon, ca. 1527

Adelige Spielleute

Es waren gar nicht einmal so wenige adelige Spielleute unterwegs, und das hatte seinen Hintergrund. Wurde eine Burg samt Grundbesitz vererbt, ging alles an den oder die Älteste. Bei mehreren Geschwistern mussten die anderen darauf achten, nicht zu verarmen. Was blieb, waren eine kirchliche Laufbahn, das Kreuzrittertum oder die Musik. Es ist verständlich, dass unterschieden wurde zwischen unehrlichen armen Spielleuten und solchen, die von Adel waren. Für sie gab es schon von Geburt wegen einen Schutz vor gesellschaftlicher und rechtlicher Diskriminierung.

Wilhelm von Kaulbach, Unter der Linden, vor 1874

Von hoher und niederer Minne

Die Minne war ein Spiel: Der Ritter verehrte seine Herrin, war ihr ergeben, hatte gleichzeitig aber auch seine Unterordnung darzustellen. Die Minnedichtung war durchaus erotisch und wurde von der Angebeteten auch als solche wahrgenommen, allerdings in den meisten Fällen ohne direkte körperliche Annäherung. Diejenigen, die den edlen Damen den Hof machten, waren zumeist Landadelige, die unterwegs waren und sich eine begrenzte Zeit in der Nähe der für die Minne Auserwählten aufhielten. Der Lohn war in den meisten Fällen ein Platz am Tisch der Dame und damit Aufmerksamkeit. Man unterschied zwischen hoher und niederer Minne. Bei der hohen Minne spielte die Herrin mit dem Ritter, sie ging nur formell auf sein Werben ein und behielt ihre Sittsamkeit. Diese Form der Minne hatte ihren unterhaltenden Aspekt nicht nur für die beiden Hauptbeteiligten selbst, sondern auch für das Umfeld bei Hofe. Was ließ sich der Ritter als Nächstes einfallen? Wie galant war sein Auftreten? Wie kam sein Werben bei der Dame an? All dies wurde von den umgebenden Menschen wahrgenommen und war Thema für Klatsch und Tratsch.

Die niedere Minne war der sexuelle Teil. Der Ritter betete die Burgherrin an. Zum Zuge kam er nicht bei ihr, wohl aber bei anderen. Denn an den Höfe lebten andere Damen, die in der sozialen Hierarchie unter der Herrin standen und die von niemandem verheiratet beziehungsweise geheiratet wurden, weil eine arrangierte Ehe niemandem nutzte. Sie dienten dem Min-

Codex Manesse, Der Kanzler, um 1300

Codex Manesse, Heinrich von Meißen genannt Frauenlob, um 1300

neritter als Ersatz, sie waren die Gespielinnen, mit denen er das tun konnte, was er bezogen auf die Verehrte mit seiner Lyrik andeutete. In der heutigen Szenesprache würde man diese Burgbewohnerinnen als »Groupies« bezeichnen.

In den Dörfern ahmte man das Minnespiel nach, allerdings ohne die Tugendhaftigkeit der Burgherrin. Die literarische Vorlage aller hoher Minne waren die Geschichten um den Ritter Lancelot und seine Angebetete Guinevere, die Gattin König Artus'. Der Ritter, ein Mitglied der legendären Tafelrunde, war der Königin bedingungslos ergeben, die Beziehung war allerdings rein platonisch; Lancelot blieb asketisch und wurde damit zum Ideal des edlen Ritters. Die Ritter waren im Turnier und im Kampf gewalttätig und brutal. Die Minnelyrik war der sanfte Gegensatz, der einem strengen Verhaltenskodex unterlag. Die Minnelyrik wurde gesungen, später schrieb man sie nieder und machte sie vorlesbar. Es war allerdings nicht immer so, dass der Ritter selbst sang oder musizierte, das taten dann auch schon mal Spielleute für ihn. Auch war er in vielen Fällen nicht der Verfasser, es gab damals wie heute bezahlte Ghostwriter. An der Minne interessierte Ritter ließen sich ihre Texte von entsprechend talentierten Lyrikern schreiben oder griffen gleich auf bewährtes Material zurück.

Und nicht alle Minnesänger waren auch gleich Ritter. Zwar waren sie oft von niederem Adel, hatten aber zu ihrem Glück nie auf einem Turnierpferd gesessen oder eine Lanze in der Hand gehalten. Es waren fahrende Sänger, Branchenprofis, die mit ihren Auftritten Abwechslung hinter die steinernen Mauern der Festungen brachten und für die die Burgherrin nur ein offizielles Objekt platonischer Begierde war. Die für den fahrenden Minnesänger konkreteren Begegnungen fanden, wie schon erwähnt, mit Damen des unteren Standes statt.

In deutschen Landen war die Zeit der hohen Minnelyrik nur kurz. Die niedere Minne spielte längere Zeit eine Rolle und verlagerte sich mehr und mehr auf den bäuerlichen Bereich.

Troubadoure als Komponisten

Die mittelalterlichen Songschreiber, die ihre Lieder an den Adelshöfen vortrugen, nannte man Troubadoure. Der Begriff stammt aus Südfrankreich, das ursprüngliche okzitanische Wort ist Trobador, in der weiblichen Form lautet es Trobairitz. Vermutlich stand das lateinische tropare (komponieren) Pate.

Unbekannter Künstler, Wilhelm IX. von Aquitanien, 13. Jahrhundert

Man kann leicht die Troubadoure in der französisch ausgerichteten Tradition mit den hiesigen Minnesängern verwechseln und in der Tat gab es Überschneidungen. Wilhelm IX. (1071 bis 1126) war Herzog von Aquitanien und der Gascogne. Er nahm am Kreuzzug von 1101 teil. Sein Leben verlief turbulent, mit Kriegen und unglücklichen Beziehungen und diversen Liebschaften. Heute nennt man ihn den ersten Troubadour, denn elf Lieder von ihm blieben erhalten. In einigen geht es gezügelt um die höfische Liebe, in anderen derb und manchmal obszön um nichts anderes als Sex. Da seine Liedkunst heute als hoch entwickelt betrachtet wird, geht man davon aus, dass sich die Troubadourstradition schon lange vor seiner Zeit gebildet hatte. Während sich in der Welt der Troubadoure nicht wenige weibliche Exemplare fanden, blieb der Minnesang eine rein männliche Angelegenheit.

Oswald von Wolkenstein ist ein schöner Name. Er klingt nach Rittertum. In der Tat war jener Oswald ein Ritter, der seinem König Sigismund zu Diensten zu sein hatte, wenn der ihn rief. Viel lieber aber als die unhandliche Rüstung war dem begüterten Adeligen aus dem Tiroler Pustertal die bunte Spielmannstracht, in der er viele Jahre frei durch die Lande zog, anstatt auf der Burg zu sitzen und seine Güter zu verwalten.

Die Troubadoure waren Aristokraten, die ihre musische Ader auslebten und ihrem Ideal folgten. Sie reisten von Schloss zu

Unbekannter Künstler, Oswald von Wolkenstein, 1432

Wiener Handschrift, Oswald von Wolkenstein, um 1425

Schloss und sangen ihre eigenen Lieder, schrieben Musik und Text fast immer selbst. Mancher reiste alleine, viele zogen jedoch eine ganze Gauklerschar mit sich. Jongleure und andere Artisten waren für das Vorprogramm zuständig. Bezahlte Musikanten agierten als Begleitband des Hauptkünstlers. Es gab auch professionelle Covermusiker, Minstrels genannt, die im Auftrage des Cheftroubadours reisten und seine Lieder interpretierten und damit für eine Mehrung seines Ruhmes sorgten. Der gesamte Tourneeapparat verschlang viel Geld und manch ein Troubadour verlor seine Güter auf diese Weise. Die Minnesänger hatten diesen enormen Aufwand nicht. Auch wenn man von ihnen erwartete, dass sie hauptsächlich von der Liebe sangen, wandten sie sich gerne auch anderen Themen zu. Troubadoure wie auch Minnesänger waren durchaus einflussreich; mit ihren Texten beschäftigte sich die gebildete Klasse.

Fragte man einen mittelalterlichen Geistlichen nach Dichtung, so erzählte er sicherlich etwas über Hymnendichtungen und Dramatik in lateinischer Sprache, deren hauptsächlicher Inhalt die Lobpreisung Gottes und der Heiligen sei. Adel und Bürgertum kannten eine Epik und Lyrik in der Sprache des Volkes, die die Themen Liebe, Schönheit, Natur und auch Kampf zum Inhalt hatte. Die Rolle des höfischen Dichters ermöglichte es ihm, dass er keine körperliche Arbeit tun musste, dass er nicht mit Waffen zu kämpfen hatte und kein ernstes, eintöniges, religiöses Leben führen musste. Stattdessen war der Dichter bei Hofe von seinem adeligen Herrn abhängig.

Die Dichter und Denker in ihren beheizten Stuben in den Städten und Burgen nahmen die Welt der reisenden Künstler kaum wahr. Und die war lebendig und schöpferisch, verspielt und bunt. In Frankreich schuf François Villon eine Poesie der Vagabunden, die bis dato einzigartig war. Er schrieb in der französischen Version des Rotwelschen. In den Novellen Boccacios tauchten streunende Priester, Huren, Reliquienhändler und andere Fahrende des Öfteren auf. In der Literatur Italiens und Frankreichs blieben uns diese Außenseiter bis heute erhalten. Auch Shakespeare erkannte schnell, dass er die Poesie und den Witz für seine große Literatur nicht bei den Gelehrten, sondern bei den Reisenden auf den Landstraßen fand.

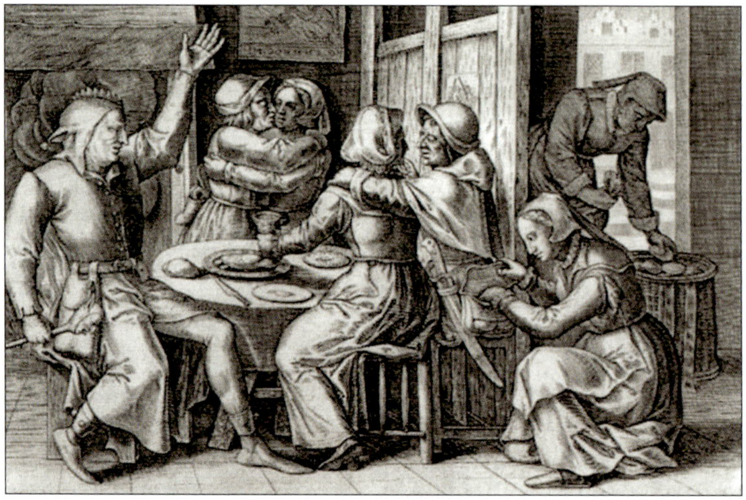

Cornelis Massijs, Bordell, 16. Jahrhundert

Im heutigen Deutschland finden sich stattdessen nur noch Fahndungsbücher und Verhörprotokolle. Hier dichteten die Gelehrten nicht über die Halbwelt, sie fürchteten sie. Das Rotwelsche kannte eigene, inoffizielle Wege, die die Fahrenden durch besondere, für andere nicht deutbare Zeichen lesbar machten. Durch dieses Markierungssystem fanden die Adressaten ihre geheimen Treffpunkte in Schänken und abgelegenen Häusern. Burgen, Schlösser, öffentliche Gebäude, Freunde, Feinde – alles, was wichtig war, erhielt spezielle Namen und Symbole, die nur von Eingeweihten gedeutet werden konnten.

Von Frauen- und Badehäusern

Vieles, was man heute über die Sexualität im Mittelalter weiß, stammt aus den schriftlichen Hinterlassenschaften von Kirchenmännern. Zum einen waren sie es, die am besten schreiben konnten und auch die Zeit dazu hatten, zum anderen erfuhren viele von ihnen als Beichtvater die intimen Details ihrer Gemeindeschafe, die aus Angst um ihr Seelenheil den Priestern das zuflüsterten, was sie für sündhaft hielten. Und das scheint nicht wenig gewesen zu sein. Zumal die Kirchenmänner aufgrund dessen immer mehr Verbote und Regeln erließen, die wiederum das Gewissen der Übertretenden belasteten. Die Verbote und Einschränkungen waren zahlreich und stellten die Menschen des Mittelalters fast täglich vor Herausforderungen. Körperliche Liebe war verboten an Sonn- und Feiertagen, in der 40-tägigen Fastenzeit vor Ostern und an regional unterschiedlichen anderen kirchlichen Terminen. Wer diese Verbote übertrat, dem wurde mit schlimmen göttlichen Strafen gedroht: kranke Kinder oder Totgeburten etwa. Dennoch war das Mittelalter, vergleicht man es beispielsweise mit der darauffolgenden Zeit bis in die Mitte des 20. Jahrhunderts hinein, eine freizügige Zeit. Nacktheit war alltäglich. In Zeiten, als Badezimmer noch lange nicht erfunden waren, blieb den Menschen gar nichts anderes übrig, als sich am Dorfbrunnen, am Bach oder dem Dorfteich zu waschen. Und das tat man ganz selbstverständlich unbekleidet. Oder man stieg mit der ganzen Familie in einen Holzzuber mit warmem Wasser. Die Menschen schliefen ohne ihre Kleidung, Unterwäsche, wie wir sie heute kennen, war noch nicht erfunden. Die meisten Familien übernachteten gemeinsam in einem Schlafzimmer, was zur Folge hatte, dass Jugendliche nicht wortreich aufgeklärt werden mussten. Ihr »erstes Mal« erlebten die meisten jungen Burschen im Bordell, bei freiberuflichen Prostituierten (meist Hausfrauen, die das Familieneinkommen aufbesserten) oder bei Gauklerinnen. Denn diese wurden nicht selten schon recht früh darauf vorbereitet, dass diese Art von Dienstleistung eine einträgliche und gefragte war. Hatte man die kirchlichen Gebote übertreten, gab es verschiedene Möglichkeiten, sich von seinen Sünden reinzuwaschen. Ei-

Unbekannter Künstler, Frauenhaus, 15. Jahrhundert

ne Spende an die Kirche wurde immer gerne genommen. Auch waren ein paar Runden mit einer brennenden Kerze um das Kirchengebäude, einige gebetete Rosenkränze oder Vaterunser den meisten Menschen ihre moralischen Verfehlungen wert. Und die Ablassverkäufer auf den Märkten, die im vorgetäuschten Auftrag der Kirche die Vergebung der Sünden gegen Bares anboten, hatten ebenfalls regen Zulauf. Unterschiede gab es allerdings in der Gleichbehandlung der Geschlechter. Zumindest nach außen. Was die Rolle der Frau betraf, herrschte Doppelmoral. Jungfrauen wurden gerne genommen, wenn es um die Wahl der Ehepartnerin ging. Und der Mann hatte bald darauf das Recht, seiner Gattin etwa Schminke zu verbieten und über ihre Kleidung zu bestimmen. Die Literatur des Mittelalters ist voll von Beschreibungen des Liebesaktes, was darauf schließen lässt, dass man es mit der Moral nicht allzu ernst nahm. Eine äußerst beliebte und allgemein akzeptierte Begegnungsstätte der Geschlechter war das Badehaus. Kommen wir aber kurz noch einmal zurück auf die Dienstleistungen der Gauklerinnen.

Braunschweiger Monogrammist, Bordellszene, 1537

Ihr körperlicher Einsatz war für viele (natürlich nicht für alle) etwas, das zum Geschäft gehörte. Private Bindungen zu anderen Gauklern (Partner, Verehrer) mussten dann für einige Zeit hintenanstehen und die Spielfrauen (wie auch ihre Partner) hatten früh zu lernen, dass man hier eine Trennlinie ziehen musste. Allerdings gelang dies auch leichter, wenn man frei war von Zwängen. Die Kirche zählte nicht, man hatte als Rechtlose und Unehrliche sowieso keinen Anspruch auf einen Platz im Himmelreich. Ein anerzogenes Moralempfinden, wie wir es heute kennen, gab es nicht. Die Spielfrauen taten eigentlich nur das, was von ihnen erwartet wurde. Wozu also das Gewissen belasten? Viel wichtiger war, dass man keinem groben Kerl in die Finger fiel, der einem Gewalt antat oder den vereinbarten Lohn nicht auszahlte. Dieses Problem war ein reales und der Hauptgrund für manche Gauklerin, sich nicht auf diesem Gebiet zu betätigen. Oder man hatte so viel Menschenkenntnis und Fingerspitzengefühl, dass man keinen falschen Freier in seine Nähe ließ. Ein weiterer Punkt war das Verhindern ungewollter Schwangerschaften. Gängig war, dass die Frauen (wie auch viele Verheiratete) kleine, mit Essig getränkte Schwämme als Verhütungsmittel benutzten. Im späten Mittelalter kamen dann die ersten Kondome auf; sie waren aus Tierdarm. Heute weiß man, dass es verschiedene Pflanzen gibt, die Wirkungen auf das hormonelle System haben. Diese waren schon in der Antike bekannt und dürften im Rahmen einer eigenen Heilkunde der Fahrenden ebenfalls genutzt worden sein. Die Volksheilkunde wie auch die Medizin der Spielleute und Gaukler war eine Erfahrungsheilkunde. Es stand keine akademische Lehre dahinter, sondern ein Wissen, dass auf dem basierte, was man aus Gesehenem und Erlebtem lernte.

So ziemlich jede Stadt hatte mindestens ein, wenn nicht mehrere Frauenhäuser. Dabei handelte es sich um unter der Kontrolle des Rates stehende Bordelle. Die Frauenhäuser wurden von der Kirche geduldet. In den Lehren des heiligen Augustinus stand geschrieben, dass Bordelle dazu beitragen konnten, (Jung-) Frauen vor Vergewaltigungen und Belästigungen zu schützen. Gleichzeitig hatten die Bordelle eine pädagogische Aufgabe. Heranwachsende Knaben lernten bei erfahrenen Prostituierten beizeiten, »wie man es macht«. Anfangs standen die Frauenhäuser unter der Aufsicht des örtlichen Henkers. Später wurde der Beruf des Frauenwirtes erfunden, eine Art Bordellmanager, der im Auftrag der Stadt den Verkehr regelte. Zwar wurden die Hübschlerinnen, wie man Huren im Mittelalter nannte, allgemein mit Verachtung behandelt. Trotzdem wurden sie nicht ausgegrenzt. So waren beispielsweise sogenannte Barchant- oder Scharlachrennen im Rahmen großer Feste zur Unterhaltung der Besucher sehr beliebt. Die Damen aus den Frauenhäusern liefen bei diesen Rennen um die Wette. Die Schnellste erhielt einen Preis: ein Tuch, eine Haube oder ein paar neue Schuhe. Der Preis für einen Bordellbesuch wurde vom Stadtrat festgelegt und lag selten höher als der umgerechnete Stundenlohn eines Handwerksgesellen. Ein Drittel der Bezahlung ging an den Frauenwirt, zwei Drittel behielt die Dienstleisterin, die in der damaligen drastischen Ausdrucksweise zumeist als »Arschverkäuferin« bezeichnet wurde.

Neben der überwachten Arbeit in den Frauenhäusern gab es auch eine freie Prostitution, die vielfach auch von Hausfrauen betrieben wurde, die damit zum Familieneinkommen beitrugen. Da Verheirateten der Zutritt ins Frauenhaus nicht gestattet war, waren die freien Prostituierten in erster Linie für Ehemänner wie auch für Geistliche da. Es war üblich, dass Dirnen spezielle Erkennungsmerkmale an der Kleidung trugen. Mancherorts trugen sie rote Kappen auf dem Kopf, verbreitet waren auch gelbe Fäden an Rock oder Kleid.

Unbekannter Künstler, Hübschlerin

Die Blütezeit der Frauenhäuser wie auch der freien Prostitution fand ein jähes Ende, als sich gegen Ende des 15. Jahrhunderts die sogenannte Franzosenkrankheit rasant auszubreiten begann.

Mit dem Siegeszug der Syphilis verging den meisten Menschen die Lust an den Sinnesfreuden.

Etwa zur gleichen Zeit ging auch die Ära der Badehäuser zu Ende. Das Badehaus ist für uns heute vielleicht die typischste Einrichtung des Mittelalters, die uns ein Bild davon macht, dass es zu jener Zeit weder prüde noch verklemmt vonstattenging.

Jean de Meung (1240 bis 1305) dichtete Ende des 13. Jahrhunderts über die mittelalterlichen Badehäuser:

»Dort werden ihnen Vergnügungen geboten, Tänze und Springereien, Trommeln und Fiedeln, und neue Lieder mit Kehrreim, Würfelspiele, Schach und Tricktrack und unmäßig schmackhafte Gerichte. Dorthin gehen junge Mädchen und Frauen ... und dann gehen sie zusammen in die Badekammern und baden zusammen in den Wannen, die in den Stuben für sie bereitstehen, wobei sie Blumenkränze auf den Häuptern tragen.«

Der Besuch im Badehaus war ein ganz offizielles Vergnügen und ein willkommener Anlass, aus dem oft arbeitsreichen und tristen Alltag auszusteigen. Dort gab es Dampfbäder, die mit heißen Steinen bestückt waren. Und Bademägde, die die Besucher massierten. Man saß in kleinen Gruppen, Männer und Frauen gemeinsam, in großen Holzzubern. Über den Trog konnte ein Brett gezogen werden, auf das Bedienstete Speisen servierten. Spielleute sorgten für den musikalischen Hintergrund. Oft feierte man ausgelassene Feste in den Badehäusern.

Valerius Maximus, Badeszene, um 1475

Virgil Solis, Badehaus, 16. Jahrhundert

Valerius Maximus, Badeszene, um 1475

Hochzeitspaare luden ihre gesamte Gästeschar ins Bad, nackt im Wasser liegend feierte man ein Festmahl.

Viele Badehäuser besaßen Separees mit Betten, in denen Paare oder kleinere Gruppen ungestört sein konnten. Einige Badehäuser hatten umlaufende Galerien, von denen Besucher den Badenden zuschauen konnten. Mancherorts war es üblich, dass Touristen, die die Badenden von oben beobachteten, attraktiven unbekleideten Frauen Münzen herunterwarfen. »Die schönsten Frauen nackt im Badezuber, an Gestalt und Sitten Göttinnen gleich ...«, schrieb der italienische Humanist Poggio Bracciolini im Jahre 1417, nachdem er einige Zeit an der Brüstung eines deutschen Badehauses gelehnt und munter Geldstücke herabgeworfen hatte. Ihn erstaunte auch, dass die Männer es gleichmütig akzeptierten, dass ihre Partnerinnen öffentlich mit Fremden flirteten. Im Vergleich zu einer heutigen Sauna ging es in den mittelalterlichen Badehäusern hoch her. Sie sind der Ausdruck für Sinnenfreude und Feierlaune des Mittelalters, die es in der Reformationszeit und auch in den Folgejahrhunderten nicht mehr gab. Die öffentlichen Bäder waren Orte der Körperpflege, Kommunikation, des gesellschaftlichen Vergnügens und für nicht wenige auch der sexuellen Begegnung.

Ein Badetag begann meistens mit einem heißen Dampfbad, in dem erhitzte Steine mit Wasser übergossen wurden. Man saß auf Holzbänken und schlug seinen Nachbarn mit belaubten Zweigen leicht auf den Rücken, was die Durchblutung anregte. Danach begaben sich die Gäste in kleinen Gruppen in große Holzzuber mit warmem Wasser. Es wurde aufgetischt, Bier und Wein serviert, die Spielleute musizierten. Wer wollte, zog sich später gemeinsam in die Separees zurück, die durch Vorhänge verschließbar waren. Meistens hatten die Badehäuser an zwei oder drei Tagen in der Woche geöffnet und die Besucher strömten zu den entsprechenden Öffnungszeiten scharenweise ins Bad. Es war üblich, dass man unbekleidet dort auftauchte, Garderobenschränke oder Bügel gab es nicht. Es störte niemanden, dass an den Badetagen die Menschen nackt über die Straße gingen, lediglich im Winter wickelte man sich in Decken. Handwerker erhielten für ihre Dienste kein Trink-, sondern ein Badegeld, Gesellen gab man einmal in der Woche früher arbeitsfrei, damit sie ins Badehaus gehen konnten. Der Bader, der das Badehaus leitete, kümmerte sich auch um kleinere, oberflächliche Wehwehchen der Besucher. Seine Mitarbeiterinnen beherrschten ein ganzes Repertoire an Massagegriffen, die Verspannungen lösen konnten. Besucherinnen brachten ihre Körperpflegeutensilien mit und man machte sich gemeinsam schön für die nächsten Tage. Ähnlich wie in der heutigen Zeit war es üblich, dass sich die Mehrheit der Damen Achseln und Bikinizone enthaarte.

Zwei Gründe führten Ende des Mittelalters zum Niedergang der Badehäuser. Da war zum einen der hohe Holzverbrauch. Wenn man bedenkt, dass eine Stadt von der damaligen Größe Ulms beispielsweise rund 170 verschiedene Bäder besaß, kann man sich vorstellen, dass enorm viele Bäume gefällt werden mussten. Die Städte liefen Gefahr, ihre umliegenden Wälder zu verlieren. Ein weiterer Punkt war die schon angesprochene Syphilis, die sich Ende des 15. Jahrhunderts rasant ausbreitete und den Menschen den Spaß am öffentlichen Badevergnügen nahm.

Jost Amman, Der Bader, 1568

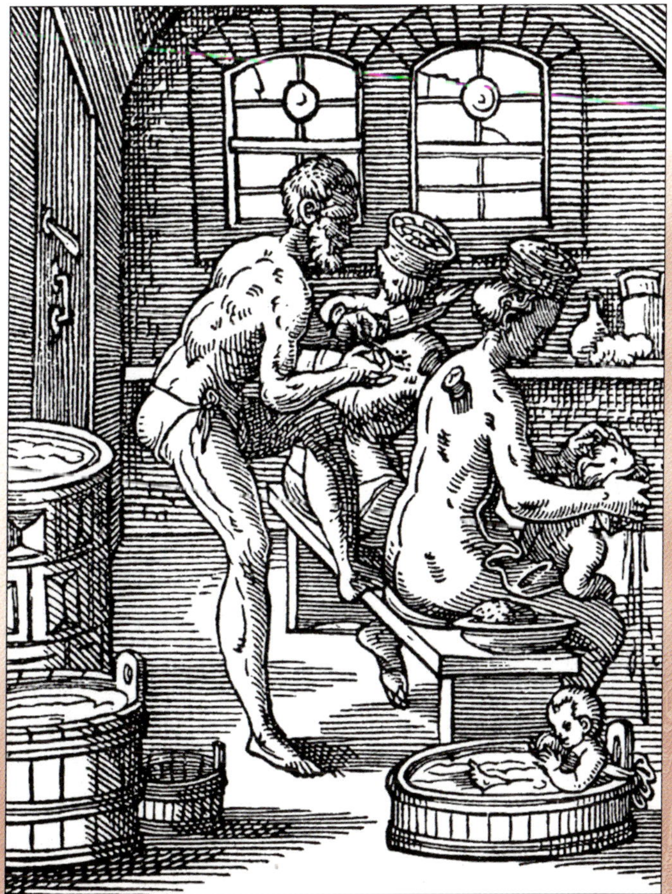

Die Musik

Cantigas de Santa Maria, Schalmeienspieler, 13. Jahrhundert

Die Musik im Speziellen

Neben dem Hauptinstrument fast aller Künstler – der Stimme – hat der Mensch bereits vor über 35 000 Jahren damit begonnen, aus allerlei Materialien Werkzeuge herzustellen, um darauf Geräusche und Töne zu erzeugen. Bereits die Neandertaler waren vertraut mit der Musik und Tierknochen mit systematisch angeordneten Bohrungen lassen darauf schließen, dass sie bereits Flöten verwendet haben müssen. So entstanden in den folgenden Jahrtausenden weitere Instrumente. Musik und Tanz als Ausdruck von Freude und Trauer, nach erfolgreicher Jagd oder bei Initiationsriten oder einfach nur zum Zeitvertreib sind seit Urzeiten Teil unserer Kultur. Wurden anfangs einfache Gegenstände wie Muscheln oder Hörner zur Klangerzeugung verwendet, entwickelten sich mit der Zeit daraus immer ausgefeiltere Instrumente wie das Organistrum als Vorgängerin der über ganz Europa als Begleiter der Spielleute verbreiteten Drehleier im zwölften Jahrhundert. Auch durch den Austausch mit anderen Kulturen wurde das mitteleuropäische Instrumentarium erweitert. So brachten bereits die Kreuzfahrer Instrumente mit und durch die Berührung mit der arabischen Kultur im zehnten Jahrhundert in Spanien kamen weitere hinzu. So gilt die arabische Oud als Vorgängerin der Laute, die im späten Mittelalter und vor allem in der Renaissance ihren festen Platz in der Musik der Spielleute hatte. Bis auf wenige Funde sind bis heute leider nur sehr wenige originale Instrumente erhalten, sodass wir uns lediglich auf schriftliche und bildliche Quellen stützen können. Die Werke Musica getutscht und außgezogen von Sebastian Virdung aus dem Jahre 1511 und die Syntagma musicum von Michael Praetorius von 1615 liefern viele Beschreibungen und Illustrationen der gebräuchlichsten Musikinstrumente und dienen auch heute noch neben den Miniaturen zeitgenössischer Handschriften wie dem Codex Manesse und den Cantigas de Santa Maria aus dem 13. Jahrhundert als wichtigste Quellen für den Nachbau historischer Instrumente. Nachfolgend seien hier einige der meistverwendeten und in der Malerei am häufigsten dargestellten einmal vorgestellt:

links: Albrecht Dürer, Das Männerbad, 1497

rechts: Luttrell-Psalter, Spielmann mit Einhandflöte und Trommel, 1325–1335

Einhandflöte

Ein oft gemaltes Motiv ist der Musiker beim gleichzeitigen Spiel auf der Einhandflöte (auch Taborflöte genannt) und Trommel. Als Längsflöte ähnlich

einer Blockflöte hatte sie meist nur zwei bis drei Löcher und wurde in der Regel mit Daumen, Zeige- und Mittelfinger der linken Hand gespielt, während die rechte Hand auf einer kleinen Rahmentrommel den gewünschten Rhythmus schlug. Die Anzahl der Töne, die sich damit erzeugen ließ, konnte durch Überblasen noch erweitert werden. Allerdings ist anzunehmen, dass es hier wohl mehr darum ging, rhythmisch und vor allem laut zu sein, anstatt melodiös. Praktischerweise war damit der Spielmann eine Ein-Mann-Kapelle und konnte auch allein zum Tanz aufspielen.

Doppelflöte

Gleichzeitig Melodie und Begleitung zu spielen, war das Ziel dieses Instruments beziehungsweise dieser beiden Flöten – es wurden meist Einhandflöten verwendet.

Platerspiel

Etwas kleiner und einfacher als ein Dudelsack ist das Platerspiel, auch Blaterpfeife genannt. Man kann es auch als eine Frühform des Dudelsacks bezeichnen. Beim Platerspiel wird die Luft über ein Mundstück in eine elastische Schweinsblase geblasen, während der Dudelsack als Luftreservoir einen Tierbalg verwendet. Die Klangerzeugung erfolgt über ein Einfach- oder Doppelrohrblatt mit einer geraden oder gebogenen Stimmpfeife, wie die eines Krummhorns. Vielfach verfügt das Platerspiel neben der Spielpfeife auch über eine Bordunpfeife.

Dudelsack

Eines der wichtigsten Instrumente des Mittelalters überhaupt und sicherlich für die Maler neben der Drehleier ein Lieblingsmotiv: Der Dudelsack oder im mittelhochdeutschen *sacphîfe* (Sackpfeife) genannt ist eine Erweiterung des Platerspiels mit einem Ledersack als Luftreservoir und ein oder mehreren Bordunpfeifen, die passend zur Spielpfeife meist in deren Grundton sowie den folgenden Quinten gestimmt sind. Auch Sackpfeifen gänzlich ohne Bordunpfeifen sind auf frühen Miniaturen zu sehen. Andere Quellen vermuten den Ursprung des Dudelsacks bereits zur Zeit des römischen Imperiums oder

links: Simone Martini, Doppelflöte, 1322–1326

Wilhelm Werner von Zimmern, Der Tod mit Platerspiel, um 1540

Louis Ducros, Römische Taverne, ca. 1790

europäischer Länder, so zum Beispiel die Great Highland Bagpipes in Schottland, die Uilleann Pipes in Irland oder die Gaita in Spanien und Portugal.

Kithara

Die Kithara ist uns aus vielen Darstellungen der Antike bereits bekannt, obwohl ihre Herkunft eher in Kleinasien vermutet wird. An einem hölzernen Resonanzkörper, der etwas größer ist als der einer Lyra oder Leier, befanden sich zwei meist geschweifte Spitzen sowie eine Querstange, an welcher man mehrere Darmsaiten befestigte. Sie wurde gezupft oder mit einem Plektrum gespielt. Über den Weg der Langhalslaute hat sich aus der Kithara die heutige Gitarre entwickelt.

noch früher. Möglich ist auch eine gleichzeitige Entwicklung an unterschiedlichen Orten. Sackpfeifen gehören in verschiedenen Varianten bis heute zur traditionellen Volksmusik vieler

Laute

Auf einem fast 4000 Jahre alten Relief eines babylonischen Tempels ist ein Instrument zu erkennen, das einer europäi-

Psalter Karls des Kahlen, Kitharaspieler, um 870

Cantigas de Santa Maria, Lautenspieler, 13. Jahrhundert

schen Laute sehr ähnlich ist. Vermutlich brachten Kreuzfahrer Vorformen der Laute mit nach Europa. Im Mittelalter und in der Renaissance war sie das beliebteste Saiteninstrument, da sie leicht zu transportieren war. In der Zeit der Romantik wurde sie durch die Gitarre ersetzt.

Mosaik mit Harfenspielerin, um 260 v. Chr.

Harfe

Als eines der ältesten Musikinstrumente hat die Harfe eine mindestens 5000 Jahre alte Geschichte. Erhalten sind heute noch Marmorstatuetten von Harfenspielerinnen aus der Kykladenkultur, die 4500 Jahre alt sind. Ende des achten Jahrhunderts kamen in Europa dreiseitig geschlossene Rahmenharfen auf. Auf der Wartburg in Eisenach ist eine sogenannte Wolkenstein-Harfe zu bewundern, die Ende des 14. Jahrhunderts gebaut wurde.

Leier

Troparium et Prosarium, Leier, um 1100

Auch Leiern oder Lyren gab es im Altertum bereits. Mit einem etwas kleineren, schmalen Klangkörper ist sie eine Verwandte der Kithara. Wie sie ihren Weg in die Instrumentenwelt Nordeuropas gefunden hat, ist weitgehend unbekannt. Möglicherweise wurde sie von Germanen mitgebracht, die in den römischen Heeren gedient hatten. Neben den mittelalterlichen Darstellungen existieren mehrere Funde originaler Instrumente, darunter eine fast vollständig erhaltene Leier aus dem sechsten Jahrhundert, die in einem Adelsgrab in Trossingen (Baden-Württemberg) aufgefunden wurde. Wie uns die mittelalterlichen Miniaturen zeigen, wurden ihre mindestens drei Saiten gezupft oder auch mit einem Bogen gestrichen.

Psalterium

Im Gegensatz zu Kithara, Lyra und Leier hatte das Psalterium lediglich einen hohlen Korpus mit einem oftmals reich verzierten Schallloch, auf dem die Saiten befestigt waren. Die

Meister der Weltchronik Rudolf von Ems, Psalter, um 1340

Formen waren vielfältig und die Saiten wurden gezupft oder gestrichen. Abhängig von der Form wurden die verschiedenen Tonhöhen durch unterschiedlich dicke oder lange Saiten erreicht. Die ersten Abbildungen stammen bereits aus dem zwölften Jahrhundert und zeigen die für diese Zeit typische Schweinskopfform.

Repertoire und Ort

Bei der Kirchweih, auf dem Jahrmarkt, zum Tanze bei der Hochzeit, an der Tafel der Edlen und Mächtigen, im Wirtshaus, vor oder sogar in der Kirche oder schließlich auch auf dem Friedhof, überall dort, wo sich die Menschen trafen, gemeinsam speisten und feierten oder sich von der Mühsal des Alltags ablenken ließen, durften auch die Musikanten nicht fehlen. Und ebenso unterschiedlich war ihr Repertoire.

Da uns aus der weltlichen Musik des Mittelalters nur sehr wenig schriftlich überliefert ist, können wir über das, was die Musiker gespielt und gesungen haben, nur Mutmaßungen anstellen. Der Großteil der mittelalterlichen Bevölkerung war des Schreiben und Lesens nicht mächtig und so wurden Musik und Liedertexte hauptsächlich mündlich verbreitet.

Im Mittelalter gab es keine Möglichkeiten der Tonaufnahme. Für das Publikum bedeutete dies, wollte man ein schönes Lied noch einmal hören oder es selber singen, den Spielmann zu bitten, ihm dieses Lied beizubringen. So gingen manche Lieder, die auf der Straße entstanden waren, in das Volksliedgut ein. Spielleute begannen schon früh, ihre Texte und Melodien in Spielmannsbüchern zu sammeln. Fahrende Mönche, des Schreibens kundig, konnten dabei helfen. Zudem war es auch das Bestreben vieler Gaukler, selber so gut es ging lesen und schreiben zu lernen, wenn es irgendwie möglich war. Es entstanden Spielmannsschulen, die sich gezielt der Ausbildung des Nachwuchses widmeten. Wer also als Spielmannsfamilie Wert darauf legte, dass aus den Kindern etwas wurde, schickte sie dorthin. An den Schulen wurde professionell unterrichtet. Die Lehrer waren oft selbst erfahrene Reisende, die auf Zeit sesshaft wurden, um sich der Ausbildung junger Talente zu widmen. An den Schulen

rechts: Jan Steen, Eine Bauernhochzeit, 1662–1666

Gerrit van Honthorst,
Der lustige Musikant, 1623

tauschte man zudem neue Lieder und Tänze aus und betrieb Instrumentenwerkstätten.

Aus der christlichen Musik der Klöster ist weitaus mehr überliefert und hier hat auch neben den Texten der geistlichen Lieder die Darstellung der dazugehörigen Melodie ihren Ursprung. Neumen, die Vorgängerinnen unserer heutigen Noten, waren die ersten zaghaften Versuche, Melodien zumindest in einer ungefähren Tonhöhe festzuhalten. Neben den gregorianischen Gesängen im Frühmittelalter versah man alsbald auch weltliche Texte mit Neumen. So enthalten einige der meist in Latein, aber auch auf Mittelhochdeutsch verfassten Liedersammlungen wie die Jenaer Liederhandschrift aus dem 14. Jahrhundert und auch die Carmina Burana aus dem 13. Jahrhundert bereits erste festgehaltene Melodieverläu-

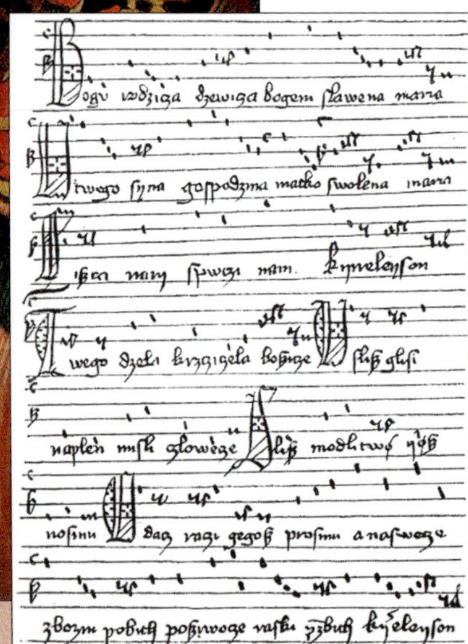

Mittelalterliche Notenschrift »Neumen«, Lied der Jungfrau Maria aus dem 14. Jahrhundert

fe teils mit, teils ohne Notenlinien. Tempo und Rhythmus fehlen in der Aufzeichnung jedoch.

Von der frühen weltlichen Instrumentalmusik der fahrenden Spielleute, die auf Bauernfesten, Hochzeiten und Märkten oder auch einfach nur im Wirtshaus ihr Können zum Besten gegeben haben, ist leider nur wenig Schriftliches erhalten geblieben. Erst im späteren Mittelalter wurden einzelne Tanzmelodien notiert. Viele mittelalterliche Musiker waren Meister der Improvisation. Ähnlich wie beim Jazz gab es Grundstrukturen, an denen man sich orientieren konnte, darüber wurde dann fröhlich improvisiert.

Diente die Musik vorrangig der Begleitung zum Tanz oder allerlei Kunststücken, untermalte sie auch oftmals die, in Form eines Sprechgesangs, vorgetragenen Gedichte und Erzählungen. Und hier ist uns weit mehr erhalten geblieben. Heldenepen, Liebes- und Sauflieder und auch der hoch angesehene Minnesang wurden von Instrumenten begleitet und melodiös vorgetragen.

> »Uns ist in alten mæren – wunders vil geseit, von helden lobebæren – von grôzer arebeit, von vreude und hôchzîten – von weinen und von klagen, von küener recken strîten – muget ir nu wunder hœren sagen.
>
> Viel Wunderdinge melden – die Mären alter Zeit. Von preiswerten Helden – von großer Kühnheit, von Freud' und Festlichkeiten – von Weinen und von Klagen, von kühner Recken Streiten – mögt ihr nun Wunder hören sagen.«
>
> (Übersetzung Karl Simrock, 1827)

Die Sage von Siegfried dem Drachentöter, dem unglaublichen Schatz der Nibelungen, der Tarnkappe, dem Lindenblatt, der Ermordung Siegfrieds durch den Verräter Hagen und dem Untergang des Hauses Burgund: Wer kennt es nicht, das deutsche Heldenepos schlechthin. Verfasst von einem unbekannten Dichter zu Beginn des 13. Jahrhunderts und aufgeschrieben in Mittelhochdeutsch enthält das »Nibelungenlied« alles, was eine abendfüllende Erzählung benötigt. Liebe und Mut, Krieg und Verrat, Zauber und Wundertaten und einen versunkenen Schatz, nach dem auch heute noch gesucht wird. Obwohl als

Rosengartenlied, Der Spielmann Volker von Alzey aus dem Nibelungenlied, 14. Jahrhundert

Lied bezeichnet, können wir heute nur vermuten, dass es in einer Art Sprachgesang vorgetragen wurde, einer Frühform des Rap, wenn man so will. Der Begriff Lied steht eher für Vers oder Strophe. Wer der Autor war, ist nicht bekannt. Möglichweise ein Spielmann, vielleicht auch ein Kleriker. Aus dem Text geht jedoch hervor, dass er dem Stand der Fahrenden zumindest nahestand, denn man merkt dem Dichter an, dass er ihnen zugetan war. Er preist sie und lobt es, dass sie für ihre Darbietungen gar fürstlich belohnt werden:

> »Viel lützel man der varenden – armen dâ vant. Ros unde kleider – daz stoup in von der hant, sam si ze lebene hêten – niht mêr wan einen tac. Ich wæn nie ingesinde – grœzer milte gepflac.

Da war zuletzt kein armer – Fahrender mehr im Land.
Ihnen stoben Kleider – und Rosse von der Hand, als
hätten sie zu leben – nicht mehr denn einen Tag. Man
sah nie Ingesinde – das so großer Milde pflag.«
(Übersetzung Karl Simrock, 1827)

In den Liedern der Spielleute drehte es sich nicht nur um starke Helden. Das literarische Repertoire umfasste weit mehr. Die Lieder der Musikanten erzählten neben den großen Taten auch vom aktuellen Tagesgeschehen, fremden Ländern, von Unheil und Sorgen, von der Sehnsucht nach Ruhm und Reichtum, erfüllter und unerfüllter Liebe, von Festen und Feiern, Moral, Unmoral und Satire, politischer Lobpreisung und Polemik, poetisch oder derb. Kein Thema wurde ausgespart. Ja, selbst die fahrenden Kleriker waren sich nicht zu schade, auch in den Gefilden zu wildern, die ihnen doch nach kirchlicher Auffassung verboten und fremd sein sollten.

Eine Handschrift gesammelter Lieder und Gedichte aus dem frühen 13. Jahrhundert gibt uns ein schönes Bild über die Inhalte der Spielmannsdichtung. Mehrere Jahrhunderte schlummerten sie hinter Klostermauern, bevor sie zu Beginn des 19. Jahrhunderts während der Säkularisation durch einen Bibliothekar wiederentdeckt wurden. Wir kennen sie heute unter dem

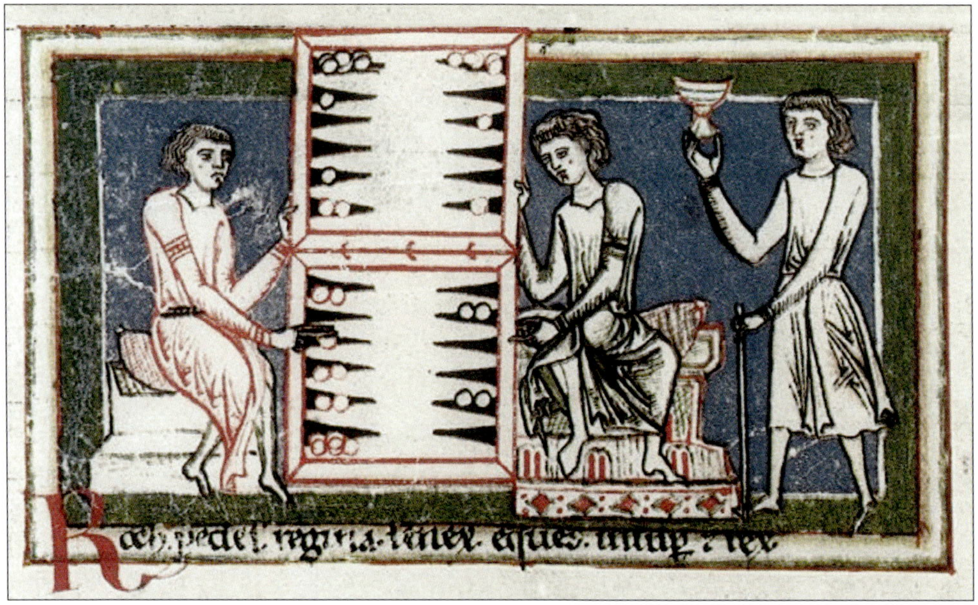

Codex Burana, Wurfzabelspieler, 13. Jahrhundert

Namen ihres Fundortes Benediktbeuern, einer kleinen Gemeinde in Oberbayern, als Carmina Burana oder Codex Buranus (Benediktbeurer Handschrift). Neben anderen Handschriften wie zum Beispiel der Carmina Cantabrigiensa (Cambridger Lieder), um 1050 im Rheinland entstanden, gilt sie als die bedeutendste Sammlung der sogenannten Vagantendichtung, der weltlichen Lyrik des Mittelalters.

Die mehr als 250 Gedichte sind in Mittellatein und Mittelhochdeutsch verfasst und handeln wie auch die Texte modernerer Lieder von der Liebe, der Moral, von Lust und Laster also von »Wein, Weib und Gesang«. Es ist davon auszugehen, dass diese Gedichte gesungen wurden, denn der Codex enthält an einigen Stellen Neumen. Zu Ruhm gelangt ist der Codex durch die Vertonung von 24 Stücken der Burana durch den Komponisten Carl Orff im Jahre 1935. Noch heute dienen einige von Orffs Kompositionen den musizierenden Nachfolgern der fahrenden Spielleute als Teil ihres Repertoires.

In taberna quando sumus (mit freier Übersetzung)

In taberna quando sumus,	Wenn wir in der Schenke sitzen,
non curamus quid sit humus,	kümmern wir uns nicht darum, was sein wird,
sed ad ludum roperamus,	sondern machen uns ans Spiel,
cui semper insudamus.	bei dem wir immer ins Schwitzen kommen.
Quid agatur in taberna,	Was sich in der Schenke tut,
ubi nummus est pincerna,	wo der Wirt den Wein uns bringt,

hoc est opus ut queratur,	das ist das Werk, das wir suchen,
sic quid loquar, audiatur.	höret, was ich sage.
Quidam ludunt, quidam bibunt,	Manche spielen, manche trinken,
quidam indiscrete vivunt ...	was manche erleben, bleibt ungesagt ...

Codex Cocharelli, In einer Taverne, um 1330

Die Sprache der Gaukler

Wenn wir heute einen Mittelaltermarkt betreten, tauchen wir ein in eine andere Welt. Fremde Geräusche, Gerüche und bunte Kleidung setzen uns in Erstaunen. Hufgeklapper, der Hammerschlag des Schmieds und Melodien auf historischen Musikinstrumenten untermalen die Gespräche an den vielfältigen Ständen. Ein Hauch von Historie weht uns entgegen durch antiquierte Worte wie »Antlitz«, »Wohlfeil«, »fürtrefflich«, Neuerfindungen wie »Handgeklapper« für Applaus oder »Taschendrache« für Feuerzeug und vor allem der Gebrauch lateinischer Begriffe. Leider hat dieses »Marktsprech« wenig zu tun mit der tatsächlichen Sprache, die im Mittelalter gesprochen wurde. Vorab: Eine einheitliche »deutsche« Sprache ist erst gegen Ende des Mittelalters entstanden. Erst mit dem Frühneuhochdeutschen ab Mitte des 14. Jahrhunderts beginnt eine Standarisierung und der Weg zu einer gemeinsamen »deutschen« Sprache. Martin Luthers Bibelübersetzung ist in Frühneuhochdeutsch geschrieben und das bekannteste Textzeugnis, das zur Verbreitung einer gemeinsamen Sprache beigetragen hat.

Die regional unterschiedlichen Mundarten waren die vorherrschenden Sprachen im deutschen Mittelalter. Als Schriftsprache galt jahrhundertelang das Lateinische. Aus den frühmittelalterlichen Dialekten wie Fränkisch, Allemannisch, Bayerisch oder Sächsisch, die wir zusammen als Althochdeutsch bezeichnen, entwickelte sich auch als Schriftsprache nach und nach dann das Mittelhochdeutsche ab etwa 1100. Der überwiegende Teil der nicht in Latein verfassten Spielmannsdichtung des Mittelalters ist daher auch auf Mittelhochdeutsch verfasst.

»Dû bist mîn, ich bin dîn,
des solt du gewis sîn.
Du bist beslozzen
In mînem herzen,
verlorn ist das slizzelîn
du muost ouch immêr dar inne sîn.

Du bist mein, ich bin dein,
dessen sollst du gewiss sein.
Du bist verschlossen
In meinem Herzen,
verloren ist das Schlüsselein,
du musst auch immer darinnen sein.«

Unbekannter Künstler, Ausschnitt aus dem Liber Vagatorum, 1510

Codex Manesse, Herr Werner von Teufel, um 1300

Eines der frühesten mittelhochdeutschen überlieferten Gedichte, dem Minnesang zugeschrieben, aber als Liebeserklärung am Ende eines in Latein verfassten Briefes hinzugefügt, bei dem als Urheberin eine Frau vermutet wird, verdeutlicht die Poesie, die dieser frühen Form der deutschen Sprache innewohnt.

Für das fahrende Volk war es dagegen sehr praktisch, eine eigene Sprache zu besitzen. Im 15. Jahrhundert kam der Begriff Rotwelsch auf. Die Spuren dieser Spezialsprache lassen sich bis in die Mitte des 13. Jahrhunderts zurückverfolgen. Welsch kommt von fremd, Rot von Gesindel, zumindest sagt dies das Liber Vagatorum, ein kleines Buch, das im Jahre 1510 erschien und die einzelnen Bettler- und Vagabundentypen beschrieb. Rot war aber auch eine Umschreibung für schlau.

Die künstliche Geheimsprache war eine Art Gruppenabzeichen. Innerhalb der Solidargemeinschaft der Reisenden diente sie zur Identifikation. Ein wesentlicher Initiationsritus der Subkultur der Fahrenden war das Erlernen des Rotwelschen. Die Sprache war für Außenstehende unverständlich und hatte als deutsche Sondersprache einige hebräische Elemente. Der Erste, der das Rotwelsche erforschte, war Heinrich August Hofmann von Fallersleben. Etwa 20 Prozent des rotwelschen Wortschatzes stammte aus dem Hebräischen, jeweils sechs Prozent hatten ihren Ursprung im Lateinischen und im Niederländischen. Zwei Prozent der Worte kamen aus der Zigeunersprache. Es gab jüdische Händler, die unterwegs waren und mit christlichen Fahrenden in Kontakt kamen, ebenso auch jüdische Gaukler. Fahrende Priester brachten die lateinische Sprache ins Spiel.

Entlohnung der Spielleute

Waren es bei den Minnesängern Ruhm und Beifall sowie die Zuneigung (zumindest bei der niederen Minne) einer schönen Dame, war und ist es auch heute noch der materielle Lohn, für den die Spielleute ihre Kunst aufführen. »Guot umbe êre neme« – Güter statt der Ehre annehmen, das galt für die meisten Spielleute, obwohl auch der Begriff der »êre« bei den Minnesängern nicht ausschließt, dass es sich hierbei auch um wertvolle »Ehren«-Geschenke wie etwa Schmuckstücke handeln konnte. Auch von einem Stück Land als sogenanntes Spielmannslehen als besonders großzügige Gabe erzählt die Geschichte. Für die Fahrenden bestand der Lohn neben Geld häufig aus Naturalien in Form von Essen, getragener Kleidung oder dem Auslösen von hinterlassenen Pfändern in Gasthäusern oder Tavernen, aber auch Pferde für die Weiterreise, Musikinstrumente oder Empfehlungsschreiben wurden vergeben.

Einzelne Musiker

Aus der Manessischen Liederhandschrift (Codex Manesse), der wohl berühmtesten deutschen Liederhandschrift des Mittelalters, sind uns sowohl Bilder als auch viele Werke der höfischen Liedermacher erhalten geblieben. Sie bildeten die Elite der umherziehenden Musikanten des frühen 13. Jahrhunderts und waren somit die Popstars ihrer Zeit. Neben dem wohl bekanntesten von ihnen, Walther von der Vogelweide, sind hier auch der Tannhäuser, der von Buchein, Herr Reinmar der Fiedler, Meister von Meißen, genannt Frauenlob, und der Kanzler zu nennen.

Codex Manesse, von Buchein, um 1300

Tannhäuser

In seiner romantischen Oper »Tannhäuser und der Sängerkrieg auf der Wartburg« lässt Richard Wagner gleich drei Stars

links: John Collier, Tannhäuser im Venusberg, 1901

der mittelalterlichen Musikszene auftreten: den Tannhäuser, Wolfram von Eschenbach und Walther von der Vogelweide. Tannhäuser war ein deutscher Minnesänger, der Mitte des 13. Jahrhunderts geboren wurde. Vermutlich wurde er als Siboto von Tanhusen in der Deutschhauskirche in Würzburg begraben, wo sich eine entsprechende Grabplatte befindet. Er schrieb für den Adel wie auch für das Volk Minne- und Tanzlieder. Manchmal nahm er die Minnedichtung in seinen Texten parodistisch auf den Arm. Seine Texte waren selbstironisch,

Codex Manesse, Herr Walther von der Vogelweide, um 1300

voller Abenteuer und Unsinn, angefüllt mit Helden und Abenteuern. Im Codex Manesse ist neben erotischen Texten auch sein »Bußlied« mit ernstem Inhalt enthalten. Unter dem Titel »Tannhuser« hat sich die Mittelalter-Rockband In Extremo mit Auszügen aus diesem Lied beschäftigt.

Walther von der Vogelweide (circa 1170 bis 1230) hat 90 Minnelieder hinterlassen sowie zahlreiche kürzere Verse. Ähnlich wie es heutige Textautoren häufig tun, meinte Walther nicht sich selbst, wenn er in seiner Lyrik das Wort »ich« verwendete, sondern eine fiktive Figur. Er verwendete lyrische Ichs und setzte sich textlich Masken auf.

Unter dem Schutz der Götter und Heiligen

In der Mythologie der Antike wurde Apollon als Gott der schönen Künste, insbesondere der Musik, verehrt. Ihm zur Seite standen, als Kinder des Zeus, die neun Musen. Unter ihnen Terpsichore, zuständig für die Tanzkunst und meist mit einer Lyra dargestellt, Euterpe als Schutzgöttin des Flötenspiels und

Hans Burgkmaier, Kümmernis, ca. 1507

Polyhymnia, Muse der Dichtung und des Gesangs. Bei den Germanen galt die Verehrung Bragi, dem Gott der Dicht- und Redekunst. Für die Christen ist es zuallererst die heilige Jungfrau Maria, die als Schutzheilige der Armen und Bedürftigen auch von den fahrenden Spielleuten um Schutz und Errettung aus Not und Elend angebetet wurde. Daneben gab und gibt es eine Vielzahl von Schutzheiligen und Märtyrern für die Schauspieler und Musikanten. So ist Genesius von Rom, selbst Gaukler, Hofnarr, Schauspieler und Spielmann am Hofe des Kaisers Diokletian im dritten nachchristlichen Jahrhundert, einer von ihnen. Der Legende nach verspottet Genesius die Christen in seinen Aufführungen und erblickt während eines solchen Auftrittes das Antlitz von Jesus. Bekehrt zum christlichen Glauben durch diese Erscheinung lässt er sich taufen. Allerdings mit

Carl Wahlbom, Bragi, 19. Jahrhundert

verheerenden Folgen, denn Diokletian ist gar nicht erfreut über diesen Wandel und lässt ihn umgehend enthaupten. Bei den in Bruderschaften oder Zünften organisierten Musikanten ab dem 15. Jahrhundert finden wir Hiob als Schutzpatron.

Auch unter den »vierzehn Nothelfern«, den wichtigsten Heiligen für jede Gelegenheit, finden wir einen, der den Musikanten wohlgesinnt ist. Es ist der Bischof von Sebaste, der damaligen Hauptstadt der römischen Provinz in Armenien, uns als heiliger Blasius bekannt, der sich als Helfer bei Halsbeschwerden, Husten und Geschwüren auch der wilden Tiere und der Blasmusikanten annimmt. Und schließlich auch die heilige Kümmernis, jene bedauernswerte junge Frau, die als Tochter eines heidnischen Königs vor ihrer arrangierten Hochzeit mit einem ebenfalls heidnischen Prinzen Gott bat, ihr Aussehen zu entstellen, um der Hochzeit zu entgehen. Daraufhin wuchs ihr ein Bart und der wütende Vater ließ sie eingehüllt in Lumpen ans Kreuz schlagen. Von ihr erzählt man sich auch die Geschichte des armen Spielmannes, dem sie, als er vor ihrem Bildnis spielte, einen goldenen Schuh zuwarf. Glücklich über diesen beträchtlichen Lohn wollte der Geiger forteilen, wurde jedoch ergriffen und wegen des vermeintlichen Diebstahls zum Tode verurteilt. Um seine Unschuld zu beweisen, durfte er jedoch erneut vor dem Bild spielen und bekam prompt den zweiten Schuh als weiteren Lohn.

Hugo Kohl, Der heilige Arnold mit einem Waldarbeiter und dessen Sohn, 1889

Der heilige Spielmann

Die Kirche war dem Volk der Spielleute feindlich gesinnt. Darum mag es uns umso mehr verwundern, dass sie einem von ihnen die höchsten Ehren zuteilwerden ließ, sie sprach ihn heilig. Im achten Jahrhundert zog ein Musikant namens Arnold quer durch das Land der Franken. Er kam von Süden her, aus dem heutigen Österreich, und war ein Meister des Harfenspiels.

Wappen von Arnoldsweiler

Sein Weg führte ihn in die Kaiserresidenz Aachen, wo Karl der Große auf ihn aufmerksam wurde und den fremden Spielmann zum Hofmusikanten erhob. Im Laufe der Zeit lernte der Herrscher den Rat des Spielmannes mehr und mehr zu schätzen und schenkte ihm für seine Dienste den Bürgewald in der Nähe von Düren. Arnold ließ sich im Dorf Ginnizweiler nieder und verteilte seinen Grundbesitz auf 20 Dörfer. Die Bewohner verehrten ihren Gönner und bald rankten sich wundersame Legenden um den einstmals fahrenden Musiker. Als Arnold starb, begrub man ihn in einem steinernen Sarkophag und baute eine kleine Kirche über sein Grab, die noch als Ruine erhalten ist. Seine Grabstätte wurde zum Pilgerort und blieb es bis in die heutige Zeit. Im zehnten Jahrhundert wurde Ginnizweiler ihm zu Ehren in Arnoldsweiler umbenannt. Im Jahre 1886 sprach Papst Leo XIII. ihn heilig. Alljährlich feiert man am 18. Juli seinen Gedenktag. Der heilige Arnold gilt als der Schutzpatron der Musiker.

Tanz für Bauch und Beine

Wir können davon ausgehen, dass das Tanzen so alt ist wie der aufrechte Gang. Aber selbst vierbeinig kann man tanzen, zumindest kann man es versuchen. Vom Tanz ums Feuer zauseliger Keulenschwinger bis zu den spitzfindigen Ausdrucksgebärden tanzender Pantomimen in der Antike war es gewiss ein weiter Weg. Nach dem Ende Roms verlor sich die künstlerische Feinheit und trieb ab in Richtung Derbheit, jedenfalls bei der Mehrheit der tanzenden Spielleute des Mittelalters. Jedoch gab es auch hier Stilisten mit Sinn für feine Schritte: Es war nicht alles lustig-grob. Die Mimen der Antike hatten mit Beginn des Mittelalters zu jonglieren gelernt. Die Joculatores waren in erster Linie Spaßmacher und Akrobaten, jedoch meistens auch Tänzer. Da die Troubadoure bei den adeligen Fräulein und Frauen einen allgemein besseren Stand hatten, verlagerten nicht wenige Minnesänger im Laufe der Zeit ihre Konzentration auf eine andere Zielgruppe. Sie wandten sich den jungen Mädchen in den Dörfern zu, die es dann auch gerne mochten, wenn man ihnen etwas von romantischer Liebe vorsang. Allerdings fanden diese Minnesänger schnell heraus, dass die weibliche Dorfjugend eine Musikform noch mehr bevorzugte als das sanfte Liebeslied: den schnellen Tanz. Also komponierten unsere Minnesänger fortan die Musik, zu der man voller lebhafter Improvisation das Tanzbein schwingen konnte, hauptsächlich in Reigenform. Bei der schöpferischen Arbeit der Minnesänger zeigt sich deutlich die Abgrenzung zwischen einfachem Volk und Adel. Während immer mehr gut bezahlte Komponisten für die Klänge in den Burgen und Schlössern zuständig waren, entstand draußen eine Musik für Bauch und Beine. Abbildungen aus dem Mittelalter zeigen uns heute, dass die bäuerlichen Tänze zudem der körperlichen Begegnung dienten, sie waren eindeutig sexuell orientiert. Üblich war, dass während des Tanzes Männer und Frauen absichtlich zu Boden fielen und nur durch Küsse von Mittänzern des anderen Geschlechts wieder »zum Leben« erweckt werden konnten.

Man hatte ständig Angst vor dem Jüngsten Gericht, vor Strafe, Verdammnis und Tod. Dem wollte man durch Körperlichkeit entgegenwirken. Ein weiterer Aspekt war, dass die schamanischen Tanzrituale aus keltischer und germanischer Zeit in den ländlichen Gebieten noch in Resten lebendig waren. Die höfischen Tänze unterlagen dagegen festen Regeln. Im Mittelpunkt stand eine Norm mit festgelegten Schrittfolgen; die Tänzerinnen und Tänzer trugen einheitliche Kleidung, die sich schon früh an dem orientierte, was man in Paris trug. Professionelle Tänzer leiteten das Geschehen. Während an den Adelshöfen vornehm getrippelt wurde, rockte man auf den Dorfplätzen, den öffentlichen Wiesen und in den Schänken kräftig ab. Für die oberen Stände wurden repräsentative Tanzhäuser errichtet. Ein schönes, noch heute erhaltenes Beispiel ist der Kölner Gürzenich, der zwischen 1441 und 1447 erbaut wurde.

John William Waterhouse, Ein Märchen aus dem Decameron, 1916

In den höher- und hochgestellten Kreisen lassen sich dann auch die Veränderungen kultureller und modischer Art zeitlich festmachen, auf dem Land nicht. Den Wechsel in die Zeit, die wir heute als Renaissance bezeichnen, erkennt man in den Entwicklungen an den Adelshöfen. In den Dörfern und Kleinstädten hielt sich das Mittelalter. Dort lebten die Menschen weiterhin in Extremen. Der Hang zur Extase blieb. Dies galt nicht nur für das ausgelassene Tanzen. Allerorten fanden immer wieder öffentliche Hinrichtungen, Hexenverbrennungen und Folterungen statt, die sich jeder anschauen konnte und die, bei aller Grausamkeit, von der Bevölkerung auch zum Unterhaltungsangebot gezählt wurden. Während solcher Großveranstaltungen kam es zu kollektiven Empfindungen. Ähnlich war es mit der sogenannten Tanzwut. Dass Menschengruppen auf Kirch-

Süddeutscher Meister, Augsburger Geschlechtertanz, um 1500

höfen wild tanzten, war nichts Außergewöhnliches. Der Tod war allgegenwärtig und Tanzen war eine Form der Stressbewältigung und der Versuch, seelische Freiheit spüren zu können. Im Süden Europas, in Italien, hatte sich die Tarantella entwickelt. Ein temporeicher Rundtanz, der die Jahrhunderte vital überdauerte. Reisende Minnesänger brachten den Reigentanz nach Mitteleuropa. Die Carole, der Rundtanz, bei dem man zwischendurch immer wieder hüpfte und sprang, verbreitete sich schnell. Den Menschen wurde erzählt, dass die Engel im Himmel mehrmals täglich eine Carole um den Thron Gottes tanzten. Und den Engeln tat man es gerne gleich. Allerdings hielten es die Priester als den Engeln vorbehalten, ausgelassen im Kreis zu hüpfen. Zumeist erfolglos wetterten Mönche und Wanderpriester gegen diese Unsitte: Wer tanzt, wird eines Tages

Pieter Breugel der Ältere, Bauerntanz, ca. 1568

vom Blitz getroffen, ein himmlisches Feuer verzehrt ihn oder er fällt tot um.

Dennoch tanzten auch Mönche. Eine Begebenheit wird aus dem Jahre 1209 überliefert: Franziskus von Assisi besuchte damals mit elf Genossen Papst Innozenz III., um die Erlaubnis zur Gründung eines Mönchsordens zu erhalten. Als dieser seine Zustimmung gegeben hatte, gerieten die Mönche dermaßen aus dem Häuschen, dass sie einen Freudentanz aufführten.

Fahrende Tänzerinnen, geschminkt und aufreizend gekleidet, mussten mehr noch als ihre männlichen Kollegen mit dem Vorwurf der Lasterhaftigkeit leben. Als ihre Ahnherrin sah man die biblische Salome an, deren Verführungskünste, so glaubte man, direkt vom Teufel kamen.

links: Tacuinum sanitatis, Musik und Tanz, 14. Jahrhundert

rechts: Gaston Bussière, Tanz der sieben Schleier, 1925

Agostino Tassi, Festlichkeiten an der Küste, um 1618

Sey selbst dabei beim Allerley

Rocken wie die Spielleute

In den vergangenen Jahren haben sich immer mehr Mittelaltermärkte etabliert. Dadurch wuchs automatisch die Nachfrage nach Musikern, Gauklern und Markthändlern. Für nicht wenige Menschen entstand damit die Chance, ihr Interessengebiet zum Hauptberuf zu machen. Die Szene ist inzwischen so groß, dass der Nachwuchs immer wieder Möglichkeiten erhält, Fuß zu fassen.

Wenn man als Mitglied einer Amateurband das Ziel hat, auf Mittelaltermärkten Musik zu machen, ist es sinnvoll, sich im Vorfeld ausführlich mit der Szene zu beschäftigen. Je planvoller man an die Sache herangeht, desto größer sind die Erfolgsaussichten. Schauen Sie sich die Gruppen an, die auf den Festen auftreten, und analysieren Sie, was Ihnen besonders aufgefallen ist. Was war typisch für die Band? Welche Assoziationen hat der Name erweckt? Wie waren die Musiker gekleidet? Was für Instrumente wurden auf der Bühne gespielt? War die Musik eingängig, war sie tanzbar? Gab es technische Effekte? In welcher Sprache wurde gesungen? Wurden in den Texten Geschichten erzählt? Wie war die Interaktion mit dem Publikum? Ein wichtiges Erfolgskriterium für eine Band ist das Gesamtpaket. Ein prägnanter, leicht merkbarer Name ist sinnvoll. Ihn unterstützt man am besten durch ein Logo, ein Symbol, das nicht allzu künstlerisch-kompliziert sein sollte, dafür aber einen hohen Wiedererkennungswert hat. Jedes Mitglied kann im Gefüge der Band einen speziellen Typen verkörpern, etwa den Narren, den Troubadour, das entlaufene Burgfräulein oder die vergeistigte Elfe. Je mehr sich der Einzelne spielerisch mit der Figur identifizieren kann, umso besser. Wer sich schon mal im Karneval etwa als Zauberer oder Hexe verkleidet und sich in dieser Rolle wohlgefühlt hat, weiß, was gemeint ist. Die Kleidung sollte so gestaltet sein, dass Mittelalterkundige im Publikum auf den ersten Blick erkennen, was für eine Figur verkörpert wird. Auftritte von Spielleuten waren im Mittelalter immer auch durch Bewegung geprägt. In manchen Musikszenen kann man es sich erlauben, als Musiker statisch auf der Bühne zu stehen und sein Ding runterzuspielen, in der mittelalterlichen nicht. Deshalb sollte man sich früh genug fragen: Sind wir in der Lage, zu tanzen, welche akrobatischen Einlagen sind möglich? Wie beweglich sind wir generell? Dem Frontmann oder der Frontfrau kommt dabei eine ganz besondere Bedeutung zu: Er/sie muss die Aufmerksamkeit des Publikums auf sich ziehen. Es ist sehr sinnvoll, zwischen den einzelnen Titeln kurze, prägnante Erklärungen zu geben, worum es in der nächsten Nummer geht. Natürlich sind Humor und Ironie dabei sehr hilfreich. Auch hilft es, wenn man sich in der mittelalterlichen Sprechweise für heutige Ohren verständlich ausdrücken kann. Von Spielfrauen wurde erwartet, dass sie sich körperbetont kleideten, auch heute sind die Damen im Vorteil, die auch was »fürs Auge« bieten. Wenn Sie Bühneneffekte verwenden, sollten Sie sich speziell dann, wenn Feuer im Spiel ist, mit den Brandschutzbestimmungen auseinandersetzen und die Veranstalter unbedingt über die Elemente Ihrer Bühnenshow informieren.

Bei der inzwischen sehr großen Anzahl an Mitbewerbern haben diejenigen Bands die größten Chancen, die die meiste Aufmerksamkeit versprechen. Deshalb sollte man sich schon bei der Bewerbung ins rechte Licht rücken. Eine informative und fantasievolle Homepage und Facebookseite sollten selbstverständlich sein. Je mehr eine Band in die Öffentlichkeitsarbeit und die direkte Ansprache ihres Publikums steckt, desto mehr freut sich auch der Veranstalter. Machen Sie ruhig ordentlich Reklame für den nächsten Gig, fügen Sie Links zur Veranstaltung auf Ihrer Seite ein, laden Sie Ihre Facebookgemeinde ein. Veröffentlichen Sie Nachlesen und Fotos. Das registrieren auch potenzielle spätere Veranstalter. Ihre Presseinfos sollten nicht zu ausufernd und kompliziert sein; lieber kurze und prägnante Infos mit den großen Ws – wer, wie, was, wann, wo, womit – verbunden mit einer kleinen, gut lesbaren Geschichte. Für Veranstalter gehört es zum Alltag, dass man sich die Auftrittsbewerber auf YouTube anschaut. Ein aussagekräftiges Video, am besten von einem Live-Auftritt mit sichtbarer Publikumsreaktion, ist sinnvoll. Hat man kein entsprechendes, tut es auch ein Mitschnitt aus dem Proberaum, wenn er die Qualitäten der Gruppe darstellen kann.

Viele Musiker fangen in Coverbands an. Meistens spielt man dort Titel mit englischsprachigen Texten. Wer sich mit Mittelaltermusik beschäftigt, wird schnell erkennen, wie wichtig hier ein guter Text ist. Zum Üben eignet sich für Anfänger das Vertonen mittelalterlicher Gedichte. Jede gut sortierte Stadtbibliothek bietet gute Fundquellen an, auch im Internet wird man schnell fündig. Dann sollte man sich einig sein, ob man sich einem einzigen musikalischen Stil verschreibt oder lieber, wie viele der erfolgreichen Bands innerhalb dieser Branche, einem Crossover aus verschiedenen Einflüssen, vom Folk bis zum Metal. Wichtig ist immer eins: Es muss gut klingen!

Im digitalen Downloadzeitalter sollten Sie keine allzu hohen Erwartungen stellen, was CD Verkäufe betrifft. Die Zeiten des großen Geldes sind vorbei beziehungsweise sie betreffen nur die ganz wenigen »großen Nummern«. Wer genügend Auftritte hat, verdient an seinen Alben durch den Direktverkauf seiner Alben meistens nach dem Gig, wenn das Publikum noch im Bann des zuvor Erlebten steht. Ob man dazu ein großes Label braucht, ist fraglich, denn die größeren Plattenfirmen verbinden CD-Produktionen meistens mit von ihnen diktierten Bedingungen. Glücklicherweise ist die heutige Technik so weit, dass man schon mit relativ preiswertem Aufnahmeequipment (im Vergleich zu früheren Zeiten) ansprechende Klangergebnisse erzielen kann. Handelt es sich um eine gut eingespielte Band, kann ein qualitativ hochwertiger Live-Mitschnitt durchaus eine Alternative zur Studioproduktion sein. Er hat zudem den Vorteil, dass man damit Veranstalter von den Fähigkeiten seiner Band noch besser überzeugen kann.

Gute Chancen als Darsteller in der Mittelalterszene haben diejenigen mit komischem Talent. Wer einen Mittelaltermarkt besucht, will unterhalten werden. In vielen Menschen stecken komödiantische Begabungen, von denen sie gar nichts wissen. Allerdings sollte man sich da schon vorher Rückmeldungen eines Publikums holen, bevor man öffentlich auftritt. Konkret: in der Familie, im Freundeskreis, im örtlichen Karnevalsverein oder der lokalen Theatergruppe, bei einem Workshop der Volkshochschule oder überall dort, wo man damit rechnen kann, eine ehrliche Reaktion auf seine Darstellung zu erhalten. Bevor man also versucht, einen professionellen Narren aus sich zu machen, sollte man sich rückversichern, ob man auch wirklich dazu taugt. Wenn auch die Spielleute der Jetztzeit ein deutlich bequemeres und geschützteres Leben führen als ihre historischen Vorbilder, so lebt doch der »Gauklerfunke« in ihnen weiter.

Ja, sie haben es einfacher heutzutage, die Gaukler, Spielleute und Händler, die Ritter und Burgfräulein, die mit dem Mittelalter Geld verdienen. Und auch diejenigen, die ihre Künste bewundern und ihre Waren kaufen. Die Szene derer, die ein Faible fürs Mittelalter teilen, trifft sich gerne und oft auf Märkten und bei Konzerten. Kein Mensch kennt sie genau, die Zahl der Mittelaltermärkte, die jährlich in den deutschsprachigen Ländern veranstaltet werden. Fachleute schätzen, dass es weit über tausend sind und die Zahl in den nächsten Jahren noch deutlich ansteigen wird. Dies bedeutet, dass quasi jeder in Deutschland im Umfeld seiner eigenen Haustüre im Jahresverlauf einen oder mehrere Mittelaltermärkte besuchen kann. Es ist deshalb nicht leicht, zu sagen, welcher Markt denn der »schönste« in unseren Landen ist. Einige sind sich sehr ähnlich, erst recht, wenn derselbe Veranstalter beziehungsweise Organisator dahintersteht. Andererseits gibt es welche, die auf ihre Art speziell sind, die zusätzlich zum Budenzauber und der Gauklerei durch eine ganz besondere Atmosphäre aus dem Rahmen fallen, besonders dann, wenn sie Bezug auf ein mittelalterliches Ereignis nehmen und dabei noch als Schauplatz eine historische Gebäudekulisse vorweisen können.

Das größte reisende Mittelalter-Kultur-Festival der Welt ist das »Mittelalterlich Phantasie Spectaculum«, eine Erlebniswelt mit weit mehr als tausend Teilnehmern in mittelalterlichen Gewandungen und Rüstungen. Unter der Homepage *spectaculum.de* finden Interessierte Informationen darüber, wie sie sich beteiligen können, sei es als Teilnehmer am Heerlager, als Markthändler oder als Aufbauhelfer. Die Zahl der Vereine, Gruppen, Institutionen, städtischen Ämter, Agenturen, Museumsverwaltungen et cetera, die inzwischen mittelalterlich inspirierte Veranstaltungen auf die Beine stellen, ist in den letzten Jahren so gewachsen, dass es aus Platzgründen nicht möglich ist, sie alle aufzulisten. Im Internet, zum Beispiel auf den bereits genannten Webseiten, wird man fündig, ebenso, in gedruckter Form, in Zeitschriften wie Miroque oder Karfunkel, die neben anderen interessanten Themen auch in jeder Ausgabe umfangreiche Veranstaltungskalender veröffentlichen.

Die Staatliche Artistenschule in Berlin (*artistenschule-berlin.de, balletschule-berlin.de*) ermöglicht ihren Schülerinnen und Schülern eine neunjährige professionelle Ausbildung mit dem Abschluss »Staatlich geprüfte/-r Artist/-in« in Verbindung mit verschiedenen Modellen schulischer Bildung einschließlich des Abiturs. Ab dem fünften Schuljahr können artistisch und sportlich besonders talentierte junge Menschen die Schule besuchen; dem voraus geht eine Aufnahmeprüfung.

Mit dabei im www …

Das Internet ist eine reiche Fundgrube für alle, die sich in ihrer Freizeit mit dem Mittelalter beschäftigen möchten. Wer heutzutage einen Mittelaltermarkt, ein Ritterturnier, einen nostalgischen Weihnachtsmarkt, ein Museum oder ein Konzert mit mittelalterlich inspirierter Musik besuchen will, braucht hierzulande meist nicht weit zu fahren, entsprechende Infos darüber finden sich im World Wide Web (www) in Hülle und Fülle.

Unter dem Motto »Das Mittelalter im Internet« findet sich etwa unter *mittelalter-abc.de* ein umfangreicher Zugang zu zahlreichen Themen und Links zu Turnieren, Märkten, Schaustellern und Spielleuten, Organisatoren und Eventagenturen, Handwerkern und Händlern, Eventgastronomen, Zubehör- und Ausstattungsquellen, Vereinen, die sich an die historischen Darstellungen anlehnen, spezialisierten Fotografen und anderen Menschen mit tiefem Bezug zur Materie. Abgerundet wird das Ganze durch jede Menge Lesbares, was die Geschichte betrifft, durch Foren, einen umfangreichen Downloadbereich und einen Newsletterservice.

Der *mittelalter-server.de* unterhält eine Suchmaschine für Mittelalter, Geschichte, Larp und Fantasy sowie eine Geschichtsdatenbank mit der Suchmöglichkeit nach Stichwort und Jahreszahl. Neben einem umfangreichen Veranstaltungskalender gibt es auch einen »Mittelalter-Flirt«, in dem Prinzessinnen nach Prinzen (und umgekehrt) Ausschau halten können. Des Weiteren finden sich ein Marktplatz, ein Forum, ein Chat und Downloads.

Als »großes soziales Netzwerk der europäischen Geschichte« bezeichnet sich *mittelalter.com*. Hier kann man Gleichgesinnte finden, durch Burgen, Museen, Institutionen und Veranstaltungen stöbern und außergewöhnliche Orte des europäischen Mittelalters finden. Veranstaltungen kann man sich anhand einer Europakarte aussuchen. Aktive haben die Möglichkeit, mit Freunden in Kontakt zu bleiben, Gruppen zu gründen oder Termine ins Netz zu setzen. Das *mittelalterforum.com* liefert durchschnittlich mehr als 100 Beiträge pro Tag zu so ziemlich allen Themenbereichen rund um das Mittelalter, von den Ritterorden bis hin zu Kochrezepten und Tipps zum Selbermachen sowie einem Kleinanzeigenmarkt, Terminkalender, Mittelalter-Reiseberichten und Markt- und Museumskritiken.

Deutschland-im-mittelalter.de will einen Überblick über alle wichtigen und interessanten Themen des Mittelalters in Deutschland bieten, so einfach und übersichtlich wie möglich gehalten, damit dem Lesespaß und der effektiven Recherche nichts im Wege steht. Einzelne Artikel sollen Schülern und Studenten als Nachschlagwerke dienen. Inhalte können für Referate und Präsentationen genutzt werden.

Alltag-im-mittelalter.de informiert, wie der Name schon andeutet, unter anderem über Geschichte, Alltag, Gesellschaft, Handel, Handwerk, Kirche, Kultur und Rittertum der Epoche. Eine Übersicht über die wichtigsten Minnesänger, Troubadoure und Troubairitz liefert *minnesang.de*. Eine praktische Suchmaschine mit Links zu Bibliotheken und Katalogen sowie Landkarten ist die Mittelalter-Bibliothek *malib.de*. Interessante und auch spaßige Inhalte finden sich auf *ma-szene-foren.de*.

Wer entsprechende Stichworte im Internet googelt, wird feststellen, dass das Informationsangebot riesengroß ist, schauen Sie selbst.

Abgesehen vom Internet bieten die zahlreichen historischen Burgen und Museen in unseren Landen eine enorme Masse an Anschaubarem. So gibt es in Deutschland zahlreiche Museen, die sich mit dem Thema Narrentum beschäftigen. Viele haben einen karnevalistischen Hintergrund, bieten jedoch auch immer wieder Querverbindungen. Bedeutende Sammlungen historischer Instrumente, von denen viele einst von unseren Spielleuten bedient worden sind, besitzen das Germanische Nationalmuseum in Nürnberg, das Musikinstrumenten-Museum Berlin oder das Museum für Musikinstrumente der Universität Leipzig. Oft ist eine Instrumentensammlung auch Teil einer Ausstellung im größeren Zusammenhang, beispielsweise im Deutschen Museum in München, im Hamburger Museum für Kunst und Gewerbe, im Stadtmuseum München, im Augustinermuseum Freiburg, im Historischen Museum Basel oder im Landesmuseum Württemberg.

… und auf DVD

»Mit dabei beim Allerley« bedeutet aus unserer Sicht auch, dass man auf der eigenen Wohnzimmercouch wunderbar an der Narretei teilnehmen kann. Beispielsweise auf DVD. Aus der Menge an Filmen, in denen Narren, Spielleute und Gaukler eine Rolle spielen, möchten wir an dieser Stelle unseren persönlichen Lieblingsfilm hervorheben: Der Hofnarr (Originaltitel »The Court Jester«) mit Danny Kaye. Die amerikanische Komödie aus dem Jahre 1955 war damals an den Kinokassen ein Flop, gilt aber heute als Kultfilm. Erheblichen Anteil an diesem Status haben nicht nur das grandiose Spiel von Hauptdarsteller Danny Kaye (der innerhalb von nur drei Wochen Olympia-Format im Fechten erlangte, obwohl er vorher noch nie einen Degen in der Hand gehalten hatte) und die wunderbare Musik, sondern vor allem die berühmte Szene, in der der Hofnarr, inzwischen zum Ritter geschlagen, mit Hilfe eines Reimes erkennen soll, welcher der zwei Becher den vergifteten Wein enthält: »Der Wein mit der Pille ist im Becher mit dem Fächer, der Pokal mit dem Portal hat den Wein gut und rein.« Woraus dann immer neue Satzverdrehungen werden. (»Der Wein mit der Pille ist im Kelch mit dem Elch. Der Becher mit dem Fächer hat den Wein gut und rein.«) Ebenfalls schön an diesem Filmspaß ist neben den vielen Anspielungen auf Hollywoodschinken mit historischem Inhalt sowie auf die Robin-Hood-Legende die in jeder Szene spürbare Nähe zur echten Narretei, die der geniale Komödiant Danny Kaye wie kein anderer Star jener Zeit verkörpert.

Nützliche Links

z-netz.alt.jonglieren
rec.juggling
juggle.org
eja.net
juggling.org
juggling.ch
jonglieren.at
kaskade.de
jugglink.de
bag-zirkus.de
lag-zirkus.de
lag-zirkus-nrw.de
jonglierschule.de
jongliertricks.de
jong.de
diabolotricks.de
devilstick.de
artistnet.de

Quellen und Literaturempfehlungen

Bachfischer, Margit: Musikanten, Gaukler und Vaganten – Spielmannskunst im Mittelalter, Augsburg 1998

Bartsch, Karl: Deutsche Liederdichter des zwölften bis vierzehnten Jahrhunderts, Stuttgart 1893

Becker, Rüdiger: Circusmusik in Deutschland, Köln 2008

Beckers-Dohlen, Claudia, Baße, Simone: Markt, Turnier und Alltagsleben im Mittelalter, Greiz 2000

Berthold, Margot, Rosenlecher, Hans Otto: Komödiantenfibel – Gaukler, Kasperl, Harlekin, München 1979

Blasius, Hermann: Der Kanzler – ein mittelhochdeutscher Spruchdichter, Kreuzburg 1898

Boehnke, Heiner, Johannsmeier, Rolf: Das Buch der Vaganten Spieler, Huren, Leutbetrüger, Köln 1987

Borne, Roswitha von dem: Der Clown – Geschichte einer Gestalt, Stuttgart 1993

Borst, Arno: Die Welt des Mittelalters – Barbaren, Ketzer und Artisten, München 1988

Borst, Arno: Lebensformen im Mittelalter, Hamburg 2004

Brant, Sebastian: Das Narrenschiff, Leipzig 1979

Brunner, Karl: Kleine Kulturgeschichte des Mittelalters, München 2012

Danckert, Werner: Unehrliche Leute – die verfemten Berufe, Bern 1979

De Blue, Vera: Landauf, landab ... mit Gauklern, Quacksalbern und Gemeinen Fräulein, Bern 1995

Diehr, Achim: Literatur und Musik im Mittelalter, Berlin 2004

Dinzelbacher, Peter: Europa im Hochmittelalter 1050 bis 1250 – eine Kultur- und Mentalitätsgeschichte, Darmstadt 2003

Grabmayer, Johannes: Europa im späten Mittelalter 1250 bis 1500 – eine Kultur- und Mentalitätsgeschichte, Darmstadt 2004

Hampe, Theodor: Die fahrenden Leute in der deutschen Vergangenheit, Jena 1924

Hartung, Wolfgang: Die Spielleute – Eine Randgruppe in der Gesellschaft des Mittelalters, Wiesbaden 1982

Hartung, Wolfgang: Die Spielleute im Mittelalter – Gaukler, Dichter, Musikanten, Düsseldorf 2003

Hergemöller, Bernd-Ulrich: Randgruppen der spätmittelalterlichen Gesellschaft, Warendorf 2001

Jaffe, Siegfried: Die Vaganten und ihre Lieder, Berlin 1908

Irsliger, Franz, Lassotta, Arnold: Bettler und Gaukler, Dirnen und Henker – Außenseiter in einer mittelalterlichen Stadt, München 2010

Johannsmeier, Rolf: Spielmann, Schalk und Scharlatan – Die Welt als Karneval, Volkskultur im späten Mittelalter, Reinbek 1984

Kopecny, Angelika: Fahrende und Vagabunden – ihre Geschichte, Überlebenskünste, Zeichen und Straßen, Berlin 1980

Koschorreck, Walter (Hrsg.): Der Sachsenspiegel in Bildern aus der Heidelberger Bilderhandschrift, Frankfurt 1976

Koschorreck, Walter (Hrsg.): Minnesinger in Bildern der Manessischen Liederhandschrift, Frankfurt 1974

Krämer, Claus: Kleine Keltenkunde, Rheinbach 2013

Meier, Frank: Gaukler, Dirnen, Rattenfänger – Außenseiter im Mittelalter, Augsburg 2005

Mönckeberg, Adolf: Die Stellung der Spielleute im Mittelalter, Freiburg 1906

Montagu, Jeremy: Geschichte der Musikinstrumente in Mittelalter und Rennaissance, Freiburg 1981

Müller, Markus: Der Künstler als Gaukler, München/Berlin 2006

Nestler, Gerhard: Geschichte der Musik, Gütersloh 1962

Nicolle, David: Leben im Mittelalter 1000 bis 1500, Wien 2000

Otterbach, Friedemann: Die Geschichte der europäischen Tanzmusik, Wilhelmshaven 1980

Pohanka, Reinhard: Das Rittertum, Wiesbaden 2011

Repgow, Eike von: Der Sachsenspiegel, Frankfurt 1976

Salmen, Walter: Der fahrende Musiker im europäischen Mittelalter, Kassel 1960

rechts: Francesco Hayez, Der Kuss, 1859

Salmen, Walter: Musiker im Porträt – Von der Spätantike bis 1600, München 1982
Salmen, Walter: Der Spielmann im Mittelalter, Innsbruck 1983
Salmen, Walter: Beruf: Musiker – verachtet, vergöttert, vermarktet, Kassel 1997
Salmen, Walter: Spielfrauen im Mittelalter, Hildesheim 2000
Schmeller, Johann Andreas: Carmina Burana – lateinische und deutsche Lieder und Gedichte einer Handschrift des 13. Jahrhunderts aus Benedictbeuern, Stuttgart 1847
Schneider-Ferber, Karin: Alles Mythos – 20 populäre Irrtümer über das Mittelalter, Stuttgart 2009
Schramm, Petra: Die Quacksalber – Heilkünstler und Scharlatane, Taunusstein 1985
Schreier-Hornung, Antonia: Spielleute, Fahrende, Außenseiter – Künstler der mittelalterlichen Welt, Göppingen 1981
Seibert, Jutta: Lexikon christlicher Kunst, Freiburg 2002
Seltmann, Ingeborg: Handwerker, Henker, Heilige – Bilder erzählen vom Leben im Mittelalter, Ostfildern 2005
Sirtl, Martina: Schnurpfeifereyen – 123 traditionelle Lieder und Tänze, Band 1, Reichelsheim 2010
Sirtl, Martina: Schnurpfeifereyen – 124 alte Lieder und Tänze, Band 2, Reichelsheim 2005
Sorell, Walter: Kulturgeschichte des Tanzes, Wilhelmshaven 1995

Antoine Vallin, Arkadische Landschaft mit Tanzreigen um eine Hermenbüste, 1831